Carol Hwoschinsky

Mit dem Herzen zuhören

Ein Leitfaden für das Einfühlsame Zuhören

Carol Hwoschinsky

Mit dem Herzen zuhören

Ein Leitfaden für das Einfühlsame Zuhören

Mit Vorworten von Gene Knudsen Hoffman & Gabriele Seils

Aus dem Amerikanischen von Christel Könemund & Eve Rennebarth

Junfermann Verlag • Paderborn
2007

Übersetzt von: Christel Könemund und Eve Rennebarth
Covergestaltung/Reihenentwurf: Christian Tschepp

Satz: JUNFERMANN Druck & Service, Paderborn

Bibliografische Information der Deutschen Bibliothek

Die Deutsche Bibliothek verzeichnet diese Publikation in der Deutschen Nationalbibliografie; detaillierte bibliografische Daten sind im Internet über http://dnb.ddb.de abrufbar.

ISBN 978-3-87387-646-0

Inhalt

Gesegnet seien die Friedenstifterinnen[1].
Ihrer soll man sich erinnern als Strahlen des einen Seins.
The Beatitudes (aramäische Übersetzung)

Es heißt, dass die traditionelle Begrüßung der Massai lautet:
Kasserian Ingera – How are the children?
Dieser Leitfaden für das Einfühlsame Zuhören ist den Kindern gewidmet.

1 Die im Englischen geschlechtsneutrale Form wird im Folgenden abwechselnd mit der weiblichen und der männlichen Form übersetzt.

Dank

Als ich im Sommer 1954 Deutschland und Frankreich per Fahrrad durchquerte, wurden mir schlagartig die verheerenden Auswirkungen von Krieg bewusst. Neun Jahre nach Ende des Zweiten Weltkrieges waren die Verwüstungen immer noch sichtbar. 25 Jahre später besuchte ich Babi Yar in der Ukraine und das Lager 9 in Litauen, Schauplätze nationalsozialistischer Massenvernichtung menschlichen Lebens. Ich hörte Geschichten von Nachbarn, die sich gegeneinander wandten und bekämpften, und von Nachbarn, die sich gegenseitig beschützten.

Als ich später in Armenien arbeitete, ging ich nach Nagorny-Karabach, in das Zentrum des Krieges zwischen Armenien und Aserbaidschan. Der Feind war bereits geflohen, aber der Hass immer noch spürbar. Überall auf den Feldern lagen Munitionshülsen herum. Bis vor Kurzem war noch gekämpft worden – und obwohl Waffenstillstand herrschte, gab es noch keinen unterzeichneten Friedensvertrag.

Auch mein Aufenthalt in Israel, Gaza und der Westbank hat mir gerade jetzt wieder die Zerstörungskraft gegenwärtiger Kriege noch deutlicher ins Bewusstsein gebracht.

Der wirkliche Schmerz wird erst später spürbar, wenn der durch Sirenen, Bomben und Kugeln ausgelöste Adrenalinschub langsam abflaut. Krieg ist niemals vorbei. Die Angst und das Leiden dauern an, wenn Menschen beginnen, ihre Verluste zu registrieren und Hass und Wut zu gären beginnen.

Und nun kommen die wahren Helden und Heldinnen zum Vorschein – einige wenige werden als solche erkannt, aber die meisten bleiben ungenannt.

Dieses Buch ist inspiriert worden von vielen Menschen, die wir getroffen oder von denen wir gelesen haben, Menschen, die aufgestanden sind mit den Worten: „Ich werde Hass und Krieg nicht akzeptieren." Seit dem Wiederaufflammen der Kriegshandlungen zwischen Israelis und Palästinenserinnen treten diese Menschen täglich im Internet in Erscheinung und unzählige andere handeln im Verborgenen.

Da ist der Israeli, dessen Sohn von Palästinensern getötet wurde; er organisierte eine Gruppe von israelischen und palästinensischen Eltern, deren Kinder im Konflikt umkamen. *Sie nennen sich Familienforum zur Unterstützung des Friedens und der Toleranz.*

Da gibt es den jungen israelischen Soldaten, der in einem Brief an den befehlshabenden Offizier seinen Rücktritt vom Militärdienst begründet und bereit ist, die Konsequenzen dafür zu tragen.

Da ist die israelische Friedensaktivistin, die mit einer kleinen Gruppe von Israelis in ein palästinensisches Dorf umgezogen ist, um als Puffer zu dienen und die Dorfbewohner und ihre Olivenbäume vor der Zerstörung durch Israelis zu schützen.

Da gibt es das Komitee gegen den Abriss von Häusern, dessen Mitglieder palästinensische Häuser besetzen, um ihren Abriss zu verhindern, und die den Wiederaufbau organisieren, wenn es doch zur Zerstörung kommt.

Da sind Hisham Sharabati, sein Großvater, seine Mutter, seine Schwestern, sein Bruder, sein Cousin, die inmitten der Besetzung – voll des guten Willens – ihr Leben in Würde weiterführen.

Da sind die Familien, die unsere Gastgeber gewesen sind und die versuchen, ihren kleinen Kindern Hoffnung für die Zukunft zu geben.

Und die Frauen in Schwarz, israelische und palästinensische Frauen, die weiterhin gemeinsam protestieren.

Und da ist Dr. Iyad Sarraj, Leiter der palästinensischen unabhängigen Kommission für Menschenrechte, der sich für die Verbreitung von Gewaltfreiheit einsetzt.

Die Namen der Menschen sind zu zahlreich, um sie alle hier zu erwähnen. Ihre Geschichten sind das Thema eines anderen Buches, da sie nur den israelisch-palästinensischen Konflikt repräsentieren.

Krieg ist ein Drama und er bereitet den Boden für heldenhafte und dramatische Handlungen. Im täglichen Leben gibt es oft weniger dramatische, aber dennoch schwerwiegende Hindernisse und Konflikte, die uns dazu auffordern, die Sicherheit alter Verhaltensmuster aufzugeben und unsere Wahrheit auszusprechen.

Tatsächlich bedarf es unserer eigenen inneren Heldin, damit wir innere Konflikte und den Schmerz und Groll heilen können, der in allen menschlichen Beziehungen eine Rolle spielt. Es bedarf dieser Heldin, um weiterzumachen, selbst wenn wir von Verurteilung oder Hass bedroht sind.

Wenn Menschen leiden, ist Zuhören das beste Heilmittel. Ich möchte uns alle für die Momente im Leben würdigen, in denen wir uns daran erinnern, Mitgefühl zu zeigen.

Im Besonderen möchte ich hier erwähnen:

Leah Green, Freundin und Weggefährtin, Geschäftsführerin des *Compassionate Listening Project* (ehemals „Citizen Diplomacy[2] im Nahen Osten“), die mit weitem Herzen

2 Citizen Diplomacy = Gruppen engagierter Bürgerinnen und Bürger, die sich bemühen, zwischenmenschliche Kontakte zwischen verfeindeten Parteien herzustellen, quasi in diplomatischer Mission.

und großer Kraft seit vielen Jahren zahlreiche Menschen durch die Hügel und Täler, durch die Straßen und Seitenwege Israels, der West Bank und Gaza führt. Sie war weise genug zu erkennen, dass die Methode des Einfühlsamen Zuhörens für die Bürgerdelegationen gebraucht wurde.

Gene Knudson Hoffman, deren Mut und Mitgefühl immer wieder inspirieren. Larissa Keet, Seelengefährtin und langjährige Verbündete. Mit ihr entwickelte ich in einem Zeitraum von mehreren Jahren das hier beschriebene Training, indem wir damit begannen, zu lernen einander zuzuhören.

Janet Boggia, Ann Niehaus und Larissa – unsere Verbündeten in der Erforschung der Konfliktevolution, die viele dieser Ideen ausprobiert haben und sie für praktizierbar halten. Meine vielen Lehrer, vor allem Joanna Macy, Arnie Mindell, Louise Diamond und das Kollegium des Psychosynthese-Instituts von San Francisco. Dort lernte ich das erste Mal, mir selbst zuzuhören.

Meinen Ehemann Paul, unsere Kinder Susanne und Peter, ihre Partnerinnen und Kinder, die uns weiterhin viele Gelegenheiten des tiefen Zuhörens bieten.

Mein Dank geht an Rona Rubin, Ginger Rilling, Carolyn und Huley Askaar, Keri Green, Darelle Novak und Marie Pace, die das Manuskript lasen und wertvolle Kommentare gaben.

Libby und Len Traubmann für ihre Weisheit und Unterstützung. Peter Hwoschinsky für das Titelblattdesign[3] und vieles mehr. Und Trish Broersma für die Gestaltung dieses Buches.

Euch allen gilt mein Dank.

3 Der amerikanischen Originalausgabe.

Vorwort zur deutschen Übersetzung

Dieses Buch ist eine Schatztruhe voller Wissen, Erfahrungsberichte und Zitate über die Magie des Zuhörens. Ich kann dieser Vielfalt kaum noch etwas hinzufügen, außer den Erfahrungen, die ich selber mit „Einfühlsam Zuhören" gemacht habe.

Als ich im Herbst 2002 an dem Einfühlsam-Zuhören-Projekt *Die Wunden des Holocaust und des Zweiten Weltkriegs heilen*[4] (siehe Kapitel 14) teilgenommen habe, da ist das Unglaubliche passiert, wovon in diesem Buch immer wieder die Rede ist. Es wird oft davon gesprochen, dass es darum geht, mit dem Herzen zuzuhören. Aber was genau heißt das? Ich würde es so beschreiben: Wir haben die kopflastige, vermeintlich sichere Welt des polarisierenden Denkens verlassen und erfahren, dass es eine ganz andere Wirklichkeit in uns Menschen gibt, die viel erfüllender, verbindender, lebendiger und vor allem realer ist.

Als Journalistin hatte ich mich ausführlich mit den aktuellen Diskussionen über den Holocaust, die Folgen des Nationalsozialismus und mit Täter-Opfer-Biografien beschäftigt. Ich habe Wissenschaftler interviewt, mit Expertinnen und Zeitzeugen gesprochen, Bücher gelesen und kluge Texte *darüber* geschrieben – und plötzlich fand ich mich in einem Raum mit anderen nicht-jüdischen Deutschen und jüdischen US-Amerikanern und Amerikanerinnen, um mit ihnen zu teilen, was *in uns selbst* an verbannten und verbunkerten Gefühlen verborgen war. Kein Mensch weiß, was ihn erwartet, wenn er sich an diesen Ort traut. Mein erstes Gefühl war Panik. Und dann habe ich erfahren, dass dort Scham, Wut und Schmerz sitzen, die befreit werden wollen, ebenso wie Liebe.

Beim Einfühlsam Zuhören geht es vor allem auch – und das ist für mich das eigentlich Radikale – um das *Sprechen*: sich zeigen zu können ohne Angst, nicht mehr kämpfen zu müssen, sich nicht mehr verstecken, nicht mehr absichern. Es ist ein STOPP zum Krieg, und zwar an der Stelle, wo er beginnt: in uns selbst. Was für eine Erleichterung!

Dieser Krieg findet in meinem Kopf täglich statt, in meinem Denken, wo eine von Angst und Kontrolle verursachte Unruhe waltet. Jeder Mensch kennt diesen Zustand.

---

4 In dem zum zweiten Mal durchgeführten Projekt 2003 entstand der Dokumentarfilm *Embracing Story*, den ich gemeinsam mit Eve Rennebarth gemacht habe.

Einfühlsam Zuhören schafft Friedensräume, das heißt: Menschen erfahren, wie es ist, wenn sie mit dem Urteilen aufhören und nicht mehr verurteilt werden. Und das Erstaunliche ist: Es funktioniert wirklich!

An dem jüdisch-deutschen Einfühlsam-Zuhören-Projekt teilgenommen zu haben, hat mein Leben verändert. Diese transformative Kraft wird in den Projektberichten aus verschiedenen sozialen Zusammenhängen, die in diesem Buch gesammelt sind, immer wieder spürbar.

Ich wünsche allen Leserinnen und Lesern viel Freude, Inspiration und Ermutigung durch dieses Buch.

Berlin im März 2006

Gabriele Seils
Trainerin für *Gewaltfreie Kommunikation*, Buchautorin, Journalistin und Mitautorin der Film-Dokumentation: *Embracing Story – Erinnerung umarmen. Ein Film über das Einfühlsame Zuhören am Beispiel des jüdisch-deutschen Dialogs.*

Vorwort
von Gene Knudsen Hoffman

Das Einfühlsame Zuhören wurde von der internationalen Friedensaktivistin Gene Knudsen Hoffman entwickelt. Sie erarbeitete diese Methode, nachdem sie erkannt hatte, dass alle an einem Konflikt beteiligten Parteien verwundet sind und gehört werden wollen. Ihre Grundidee ist, dass das gegenseitige Hören der Geschichte des anderen ungeheilte Wunden aufdeckt und gegenseitiges Mitgefühl und Verständnis möglich macht. Auf diese Weise hilft das Einfühlsame Zuhören, in Konflikten Brücken zwischen Einzelnen und Gemeinschaften zu bauen und kann so zur Versöhnung führen.

Versöhnung ist der schwierigste Teil eines Friedensprozesses, weil dazu die Wiederaufnahme der Beziehungen zwischen den am Konflikt Beteiligten gehört. Diejenigen, die zuvor getrennt wurden, sollen jetzt einträchtig zusammenkommen.

Um Versöhnung möglich zu machen, brauchen wir grundlegende Veränderungen in einer Welt, in der es so viel gedankenlose und sinnlose Gewalt gibt und in der fast jede Nation Nuklearwaffen besitzt oder sie bald besitzen wird. Wir müssen über das hinausgehen, was wir bereits unternommen haben, und uns in Bereiche vorwagen, die wir noch nicht bedacht, noch nicht entdeckt haben, und darauf vertrauen, dass sich uns immer neue göttliche Möglichkeiten eröffnen.

Wir Friedensstifterinnen haben immer den Unterdrückten und Benachteiligten zugehört. Das ist sehr wichtig. In einem weiteren, neuen Schritt sollten wir jetzt auch denjenigen zuhören, die wir als „Feinde" betrachten, und zwar mit der gleichen vorurteilsfreien Offenheit und mit demselben Mitgefühl, das wir denen entgegenbringen, denen unsere Sympathie gehört. Jeder Mensch besitzt oder verkörpert einen Aspekt der Wahrheit, und wir müssen dieser Wahrheit in jedem Einzelnen zuhören, sie wahrnehmen und anerkennen – und ganz besonders die Aspekte der Wahrheit, mit denen wir selbst nicht übereinstimmen.

Damit Versöhnung möglich wird, müssen wir erkennen, dass es bei jedem Gewaltakt Verletzungen auf beiden Seiten gibt und dass diese Wunden nicht geheilt sind. Meine Studien über posttraumatische Belastungsstörungen bei Holocaust-Opfern und Vietnamveteranen haben mich davon überzeugt, dass unsere nicht verheilten Wunden eine große Quelle der Gewalt sind.

1980 machte ich eine Erfahrung, die mein Leben verändern sollte. Ich bereiste Friedenszentren in aller Welt, um etwas zu lernen, was mir bei meiner Arbeit in den USA helfen konnte. In London sah ich vor dem Treffpunkt der Quäker ein riesiges Schild, auf dem stand: „Gottesdienst für Folterer und Gefolterte." Ich wusste schon lange um die Bedeutung, Gefolterten zuzuhören – aber den Folterern zuhören? Das war mir noch nie in den Sinn gekommen.

Ich begann innerlich mit der Frage zu ringen, ob ich nicht in jedem Konflikt eigentlich beiden Seiten zuhören sollte. Als ich dann nach Israel kam, begann ich, sowohl Israelis als auch Palästinenserinnen zuzuhören. Dadurch veränderte sich mein Blick auf beide Gruppen und fortan wendete ich diese Methode überall an.

1989 wurde der Nahe Osten mein Arbeitsschwerpunkt, und noch im selben Jahr fuhr eine kleine Gruppe unseres Versöhnungsbundes nach Libyen, um den dort lebenden Menschen zuzuhören, nachdem wir[5] Libyen zweimal bombardiert hatten; das erste Mal, um Ghadafi zu töten, und das zweite Mal, nachdem wir zwei libysche Flugzeuge über Libyen heruntergeholt hatten. Wir kannten die Sicht unserer Regierung und wollten die andere Seite hören. Und die hörten wir dann auch.

Nach zehn Tagen in Tripolis, als Gäste der libyschen Regierung, hatten wir eine Menge gelernt. Wir trafen mit libyschen Führungspersönlichkeiten, Professorinnen, Regierungsmitgliedern und religiösen Vertretern zusammen. Wir hatten unserer Regierung neue Botschaften von Libyerinnen zu übermitteln, solche wie: „*Bitte räumt die Minen weg, die ihr in der Sahara während des Zweiten Weltkrieges zurückgelassen habt. Wir schaffen das nicht alleine. Bitte nehmt wieder Gespräche mit unserer Regierung auf und klärt die Meinungsverschiedenheiten. Und bitte ermöglicht es libyschen Studierenden, an amerikanischen Universitäten zu studieren.*"

Unsere Regierung wollte uns nicht zuhören, da wir illegal gereist waren. So schrieben wir Artikel, sprachen – wo wir konnten – in der Öffentlichkeit und wurden als „gefährlich" bezeichnet.

Meine nächsten Friedensbemühungen unternahm ich alleine. Zwischen 1989 und 1996 ging ich sieben Mal nach Israel und Palästina, um beiden Seiten zuzuhören. Ich hörte israelischen Psychiatern, Siedlerinnen, Regierungsmitgliedern, Friedensaktivistinnen, Schriftstellern, Verlegerinnen und „normalen Menschen" zu. In der West Bank war ich in palästinensischen Familien untergebracht und hatte so mehr Gelegenheit, Menschen aus der Bevölkerung zuzuhören: Flüchtlingen, Familien und Eltern, deren Söhne umgebracht worden waren oder in einigen Fällen auch überlebt hatten, Akademikern und Führungspersönlichkeiten aus der Friedensbewegung. Zweimal traf ich mit Yassir Arafat zusammen. Aus diesen Erfahrungen entstand 1991 das Pax-Christi-Buch *Pieces of the Mideast Puzzle (Naher Osten – Teile des Puzzles).*

5 Meint: „wir Amerikaner" (Anm. d. Übersetzerin).

1996 gelang der Durchbruch für eine breitere Anwendung des Einfühlsamen Zuhörens im Nahen Osten. Leah Green, damals Leiterin des Earthstewards-Projektes „Citizen Diplomacy im Nahen Osten", nahm mit mir Kontakt auf. Sie sagte, sie habe alles gelesen, was ich über das Einfühlsame Zuhören geschrieben hätte, und nun wolle sie in ihren Delegationen nach Israel und Palästina das Gelesene in die Praxis umsetzen. 1996 machten wir einen Probedurchlauf und reisten mit einer Gruppe von 18 Leuten nach Israel und Palästina. Das Compassionate Listening Project (Projekt Einfühlsam Zuhören) besteht seitdem als unabhängige, gemeinnützige Organisation unter der Leitung von Leah Green.

Das Einfühlsame Zuhören ist in jedem Konflikt anwendbar. Es erfordert eine besondere, nicht beurteilende Haltung, in der der Erzählende nicht als Gegner gesehen wird; vielmehr wird nach der persönlichen Wahrheit der befragten Person gesucht. Aus dieser Haltung heraus versuchen wir, durch die Maske der Feindseligkeit und Angst hindurch die Heiligkeit jedes Einzelnen wahrzunehmen und zu erkennen, unter welchen Verletzungen alle Parteien des Konfliktes leiden. Die einfühlsam Zuhörenden verteidigen nicht ihre eigene Position, sondern akzeptieren das, was andere sagen als deren Wahrnehmung. Im Zuhören bestätigen sie dem anderen sein Recht auf diese Wahrnehmung.

Ich spreche nicht über das Zuhören mit dem „menschlichen Ohr", sondern über Erkenntnis. Etwas zu erkennen heißt, etwas Verborgenes oder Verdecktes zu erfassen. Dazu müssen wir mit unserem „spirituellen Ohr" hören, was sich grundlegend von einer Haltung unterscheidet, in der wir bereits im Voraus festgelegt haben, wer Recht und wer Unrecht hat, um dann alles an dieser Entscheidung auszurichten. Und es ist schwer, Menschen auf diese Weise zuzuhören, von denen ich annehme, dass sie mich in die Irre führen oder sogar anlügen. Es ist schwer, ganz unterschiedlichen Beschreibungen ein und desselben Ereignisses zuzuhören, sehr schwer.

Es folgen zwei Definitionen des Begriffes „Versöhnung", so wie wir ihn verstehen. Thich Nhat Hanh, der vietnamesische Mönch, Lehrer, Friedensstifter und Dichter beschreibt Versöhnung als „ein Verstehen beider Seiten". Adam Curl, Quäker und Mediator aus England, sagt: *„Wir müssen für Harmonie arbeiten, wo immer wir uns auch befinden, um das zusammenzubringen, was durch Angst, Hass, Groll, Ungerechtigkeit oder andere Umstände, die uns trennen, geteilt wird. ... Ich beginne damit, indem ich mein Verständnis der menschlichen Natur auf dem Glauben gründe, dass es ein göttliches Element in jedem Einzelnen von uns gibt, das immer verfügbar ist und darauf wartet, dass wir es zur Hilfe rufen, um die Harmonie wiederherzustellen. Wir müssen uns daran erinnern, dass dieses Göttliche auch in unseren Gegnern lebendig ist."*

Ich habe inzwischen gelernt, dass es ähnliche Traditionen und Lehren im Judentum und im Islam gibt. In seinem Buch *Jewish Renewal* weist uns Michael Lerner darauf hin, dass *„das Buch Jona, das in der Synagoge an Yom Kippur gelesen wird, uns daran erinnert, dass Mitgefühl auch auf die Feinde des jüdischen Volkes ausgeweitet werden muss ... [was bedeutet], sich immer zu vergegenwärtigen, dass auch sie nach dem Bilde Gottes ge-*

schaffen sind und dass die Verzerrungen ihrer selbst, die sie dazu führen, uns Böses zu wollen, das Ergebnis einer Welt des Schmerzes und der Grausamkeit sind, die sie in dieser besonderen Weise geformt hat".

Die folgende Lehre von Abderrazak Guessoum, dem Vizerektor der großen Moschee von Paris, kommt aus dem Islam. „... Islam bedeutet Toleranz, Dienst und Gnade ... obwohl es viele Nicht-Muslime überraschen wird, dies zu hören. Der Koran lehnt jegliche Gewalt ab. Sogar der Begriff des Jihad – oft als *heiliger Krieg* übersetzt – bezieht sich tatsächlich auf das Bemühen eines jeden Moslem, nicht vom Weg des Gehorsams gegenüber dem göttlichen Willen, so wie er im Koran enthüllt wird, abzuweichen."

Ich glaube, dass wir dazu berufen sind, zu erkennen, dass allen Menschen das Mysterium, der Geist Gottes innewohnt, der Afrikanerin, dem Contra aus Nicaragua, der Amerikanerin, den Palästinensern und Israelis – allen. Durch das Einfühlsame Zuhören können wir diesen Geist wecken und dadurch den Teil der Wahrheit erfahren, den der andere in sich trägt.

Dazu ein Beispiel: Thich Nhat Hanh bittet uns um Folgendes: *„In Südafrika leiden die Schwarzen schwer, aber auch die Weißen leiden. Wenn wir für eine Seite Partei ergreifen, können wir die Aufgabe der Versöhnung nicht erfüllen. Kannst du in Verbindung mit beiden Seiten sein, indem du das Leiden und die Ängste eines jeden verstehst und indem du jeder Seite von der anderen erzählst? Kannst du tiefes Verständnis entwickeln für das Leiden beider Seiten?"*

Zum Abschluss noch ein Zitat des Dichters Longfellow, das ich wie einen Schatz bewahre: *„Wenn wir die verborgene Geschichte unserer Feinde lesen könnten, so fänden wir im Leben eines jeden genug Sorgen und Leiden, um alle Feindseligkeiten zu entschärfen ..."*

Gene Knudsen Hoffman

Einführung

In diesen Zeiten voller Hoffnung und Verzweiflung gibt es viele globale Fragestellungen mit Auswirkungen auf die ganze Menschheit und alle nachfolgenden Generationen. Wir leben in Zeiten unglaublicher Möglichkeiten und unglaublicher Schwierigkeiten. Wir haben die Wahl: Gelingt es uns, unsere menschlichen Fähigkeiten zu nutzen, um diese Probleme zu lösen? Können wir in Frieden leben? Werden wir die Umwelt schützen, um zu überleben? Können wir Hunger und Entbehrung ein Ende setzen? Können wir unsere Unterschiedlichkeit respektieren und uns zusammenschließen, um diese globalen Herausforderungen zu bewältigen?

Weil wir Teil des Problems sind, sind wir auch Teil der Lösung. Diese Herausforderungen verlangen eine neue Art des Umgangs miteinander. Jedes menschliche Wesen trägt einen Teil der Antwort auf unsere Probleme in sich. Wir müssen uns gegenseitig auf eine neue Art und Weise zuhören, damit diese Antworten sich zeigen können. Wir müssen neue Möglichkeiten des Umgangs miteinander leben, um unseres eigenen Überlebens willen.

In den 1960er- und 1970er-Jahren hatte ich als junge Erwachsene die Hoffnung, dass wir unsere persönlichen Ressourcen nutzen und die Welt verändern könnten – obwohl sich dunkle Wolken zusammenbrauten. Ich gehörte zu einer von Hunderten Gruppen für „Citizen Diplomacy", die auf dem Höhepunkt des Kalten Krieges Mitte der 1980er-Jahre in die frühere Sowjetunion reisten. Man präsentierte uns formelle Gespräche mit hochrangigen Mitgliedern der Regierung und Vertretern von Schulen und Universitäten. Viel wichtiger aber waren die Begegnungen mit ganz normalen Bürgerinnen, die wir auf der Straße, in Restaurants und in öffentlichen Verkehrsmitteln trafen. Die Menschen waren begierig darauf, mit uns zu sprechen, uns ihre Geschichten zu erzählen, unsere zu hören und Menschen von so weit weg zu treffen, die wirklich interessierte, wer sie waren. Sogar vor der Perestroika, die es für Sowjetbürger relativ sicher machte, sich mit Amerikanerinnen zu unterhalten, gingen viele Menschen bereitwillig das Risiko ein aufzufallen, indem sie uns zu Tee oder Wodka zu sich nach Hause einluden. So entstanden bleibende Freundschaften und es fiel uns schwer, diese gastfreundlichen Menschen als „Feinde" wahrzunehmen.

Wie konnte das geschehen? Es geschah, weil wir unsere Herzen füreinander öffneten. Wir erzählten uns gegenseitig unsere Geschichte und hörten respektvoll zu. Auch wenn es niemand beweisen kann, glaube ich fest daran, dass die Bewegung für Citizen

Diplomacy einen entscheidenden Anteil am Fall des Eisernen Vorhangs hatte, denn diese Begegnungen trugen dazu bei, Vorurteile auf allen Seiten aufzubrechen.

Der direkte Austausch zwischen Bürgerinnen ist ein sehr mächtiges Werkzeug auf dem Weg zum Frieden und basiert auf der Annahme, dass Frieden entsteht, indem wir unserem Feind wirklich begegnen, den Menschen hinter dem Stereotyp wahrnehmen und das gegenseitige Leiden anerkennen – was sehr harte Arbeit sein kann.

Allerdings zeigte sich mir und drei meiner Freundinnen auch die Schattenseite dieser Bewegung. Als Therapeutinnen erkannten wir, dass die Menschen, die nach friedlichen Lösungen suchen, sehr oft geradezu angefüllt mit nicht eingestandener Wut oder gar Gewalt sind. Wenn auf der Suche nach friedlichen Lösungen die Beschaffenheit des Konfliktes selbst geleugnet wird, wiederholen sich genau die Prozesse, die ursächlich zu dem Konflikt geführt haben.

Meine Freundinnen und ich wurden dadurch motiviert, unsere Art der Annäherung an Konflikte ausführlicher zu untersuchen. In vier Jahren Forschung und Studium schufen wir eine Basis von Vertrauen und Respekt füreinander. Wir ließen uns auf den tiefen Prozess der Zusammenarbeit ein und wurden Zeuginnen der Veränderungen in unserem eigenen Leben. Wir lernten zuzuhören, was für mich zu einer der größten Antriebskräfte in meinem Leben und meiner Arbeit wurde. Deshalb lehre ich diesen Einigungsprozess seit 20 Jahren in Beratungen und Trainings zu den Themen Konfliktmanagement, Toleranz und Akzeptanz von Unterschiedlichkeit.

Zur gleichen Zeit wurden die neuesten Erkenntnisse der Quantenphysik einer breiteren Öffentlichkeit zugänglich. Hunderte von populärwissenschaftlichen Büchern erschienen. Ich war fasziniert und begann, an der Universität die Philosophie der holistischen Gesundheit auf der Grundlage der „neuen Physik“ zu lehren und war voller Hoffnung für die Zukunft. Die Idee der Feldtheorie und wie das Anwachsen einer kritischen Masse ab einem bestimmten Punkt die Waagschale zum Kippen bringen kann, führte mich zu einer Erkenntnis: Wenn jeder von uns Verantwortung übernimmt, sein Leben in Integrität lebt, verbunden mit anderen, die dasselbe tun, wird sich schließlich, wenn genügend Menschen mitmachen, alles verändern. Ich glaube weiterhin, dass dies ein Grundprinzip des Lebens ist. Dieser Glaube hat mein Vertrauen ins Leben genährt und fordert mich heraus, die Begrenzungen meines Mensch-Seins zu erweitern.

Aufgrund meiner Interessen und Kenntnisse kam ich häufiger nach Russland, um Psychosynthese, eine transpersonale Psychologie zu lehren. Dort bekam ich Kontakt zu einer Nichtregierungsorganisation, die ein Projekt initiiert hatte, das Dialog, Austausch und wechselseitige Geschäftsprojekte zwischen Armenien und Aserbaidschan ermöglichte. Beide ehemaligen Sowjetstaaten hatten einen blutigen Krieg miteinander geführt und schließlich einen Waffenstillstand erreicht. Im Rahmen dieses Projektes verbrachte ich sechs Wochen in Armenien, wo ich Unterricht zum Thema Konfliktlösungsstrategien erteilte.

Nach meiner Rückkehr aus Armenien traf ich Leah Green, die damals Leiterin der Bewegung für „Citizen Diplomacy" im Nahen Osten war, dem jetzigen Compassionate Listening Project. Das Einfühlsame Zuhören war gerade zum Schwerpunkt ihrer Arbeit geworden. Plötzlich fügte sich für mich vieles zusammen, denn meine ganze Beratungs- und Konfliktlösungsarbeit hatte mich zu der Erkenntnis gebracht, dass das Zuhören der Schlüssel zum Kern des Problems ist. Ich wollte meine Fähigkeit zuzuhören im internationalen und ethnischen Bereich erweitern. Seitdem bilde ich die Delegationen aus, die nach Israel, in die West Bank und nach Gaza gehen, entwickle den Lehrplan und leite andere Trainerinnen an.

Ich spreche an dieser Stelle über meinen eigenen Hintergrund, um zu zeigen, dass auch gewöhnliche, „nicht-offizielle" Menschen diese Arbeit tun können, wo immer sie es wollen. Das Aufgabenfeld ist weit und wartet darauf, dass Menschen wie du und ich unsere Talente zu Hause und überall auf der Welt einbringen.

Zuhören ist die Grundlage aller Beziehungen. Seitdem wir als Menschen Ohren haben, hören wir auch zu. Trotzdem bleibt Zuhören eine gewaltige Herausforderung, wenn wir selbst gefühlsmäßig in ein Thema verstrickt sind. Wir alle sehnen uns danach, dass man uns zuhört. Warum also fällt es uns so schwer, auch wirklich zuzuhören?

Als Spezies sind wir dazu bestimmt, zu überleben, koste es, was es wolle. Unser Kampf- und Fluchtreflex ist tief in unserem Überlebensinstinkt verankert. Wenn wir jemanden als nicht zugehörig identifizieren, z.B. dadurch, dass er nicht dieselbe Meinung hat wie wir oder eine Meinung, mit der wir uns nicht sicher fühlen, dann nehmen wir diese Person instinktiv als verdächtig und als potenziellen „Feind" wahr. Dieser stimulierende Impuls gelangt durch unsere Sinne zum Stammhirn, welches Gefahr signalisiert. Das limbische System, der für die Verarbeitung von Emotionen zuständige Teil des Gehirns, entziffert diese Informationen als Angst. Die automatische Antwort ist: Kampf oder Flucht.

Wenn wir jedoch einem solchen Aufruf zur Handlung nicht sofort folgen und unser Großhirn in die Einschätzung der Situation einbeziehen, können wir unsere Selbstschutzimpulse niedrig halten. Wir sind in der Lage, eine andere Wahl zu treffen.

Aufgrund der evolutionären Entwicklung des menschlichen Gehirns und Nervensystems sind wir nicht länger an gewohnheitsmäßige Reaktionen gebunden. Wir haben jetzt die Freiheit einer größeren inneren Bandbreite: die des Teilnehmenden und die des Beobachtenden. Das bedeutet, dass wir nicht nur denken können, wir können uns auch bewusst machen, dass wir denken. Wir sind in der Lage, Handlungen zu verzögern, wenn wir bedroht oder beunruhigt sind. Wir haben die Fähigkeit, uns selbst zu beobachten, und können unsere Handlungen im jeweiligen Moment steuern.

Neuere Forschungsergebnisse des *Heartmath-Projektes* über die Funktionsweise des Herzens zeigen, dass es sogar noch mehr Möglichkeiten gibt, uns selbst von automatischen, schützenden Reaktionen zu befreien. Das Herz hat demnach einen direkten Einfluss auf unser Gehirn und unsere Wahrnehmung.

Das Herz ist also mehr als eine Pumpe und besteht nicht nur aus Muskelzellen. 60-65 % der Herzzellen sind tatsächlich Nervenzellen, identisch mit den Zellen des Gehirns. Das Herz ist ein Hauptzentrum der menschlichen Intelligenz. Seine Zellen sind mit jedem Organ unseres Körpers verbunden und es sendet ein elektromagnetisches Feld aus, das den Körper umgibt und sich auf 2,40 m bis 3,60 m ausdehnt. Was wir in unserem Herzen fühlen, beeinflusst unsere eigene Wahrnehmung und Physiologie und hat tiefe Auswirkungen auf alle lebendigen Dinge in unserer Umgebung.

Dieses alte Wissen hat tiefe Bedeutung für unser Leben. Menschen können Gefühle der Wertschätzung, der Liebe und des Mitgefühls im Herzen erfahren, diese gezielt als elektronischen Impuls zum Gehirn leiten und damit ihrem Urteil, ihrer Angst, ihrer Abneigung und ihrem Hass entgegenhandeln. Somit können wir uns dem Frieden von zwei Seiten aus nähern: Wir können tatsächlich das Gefühlsfeld, welches unser Herz umgibt, verwandeln und unsere Wahrnehmungen verändern; und wir können reflexhafte Antworten auf Wahrnehmungen verzögern, die nicht unserem Zweck dienen.

Wir befinden uns an einem entscheidenden Punkt in der Entwicklungsgeschichte der Menschheit. Wir haben die Fähigkeit entwickelt, Impulse zu kontrollieren, Gefühle und das Denken einzuschätzen und eine der jeweiligen Situation angemessene Wahl zu treffen. Wir müssen endlich Techniken einüben und anwenden, die uns helfen, die Reaktionsweisen auszuwählen, die gut für uns sind, die unsere Beziehungen zu anderen verbessern, die uns helfen, mit Hindernissen und Krisen fertig zu werden, mehr im gegenwärtigen Moment zu leben und unser Gefühl für den Sinn und die Bedeutung unseres Lebens zu vertiefen.

Wenn sich Zuhörende darauf konzentrieren, mit Mitgefühl, Einfühlung und Liebe einen sicheren Rahmen zu schaffen, entsteht ein Feld, das durch diese Absichten geformt wird. Der Prozess des Einfühlsamen Zuhörens erfordert ein offenes Herz und einen aufmerksamen Geist. Wenn das Herz offen ist, sucht es das Verbindende und akzeptiert oder liebt sein Gegenüber, unabhängig von der eigenen Position. Die Aufmerksamkeit des Geistes ist darauf gerichtet, nach neuen Möglichkeiten zu suchen. Der folgende Bericht über eine Sitzung mit israelischen Jüdinnen und Arabern zeigt anschaulich, wie sich diese Art des Zuhörens auswirken kann und was sie so anziehend macht.

> Obwohl sie beide in derselben Stadt, in Jerusalem, leben, hätten sie sich unter normalen Umständen wohl kaum getroffen. Eine von ihnen, eine israelische Jüdin, ist bereits Urgroßmutter, die andere ist eine junge palästinensische Christin. Sie treffen sich bei einem Training in Einfühlsamem Zuhören, das in einer Schule außerhalb von Bethlehem, in der West Bank, stattfindet. Für beide ist es nicht leicht, hierherzukommen. Ester hat palästinensisches Gebiet betreten, ein für die meisten Juden angstbesetztes Erlebnis. Mary hat noch nie in ihrem Leben wirklich mit Juden gesprochen und ist ebenfalls voller Angst. Trotzdem haben sie sich beide entschieden zu kommen und nehmen die Einladung an, ihre jeweilige Geschichte einer Gruppe von Menschen zu erzählen, die gerade das Einfühlsame Zuhören erlernt haben.
>
> Ester erzählt zuerst. Sie erzählt uns, wie sie als junges Mädchen in Deutschland von ihren Eltern getrennt wurde. Um dem Holocaust zu entkommen, wurde sie

nach England geschickt. Ihre Eltern hatten nicht so viel Glück und ihre ganze Familie wurde in Auschwitz getötet. Nach dem Krieg schließlich machte sie sich, inzwischen eine junge Frau, alleine auf den Weg nach Israel, um sich ein neues Leben aufzubauen. Ester erzählt uns von ihrer Ehe, wie sie ihre Kinder großzog und von der Beharrlichkeit, die notwendig war, um als Frau und Mutter eine Ausbildung zu erhalten. Sie ließ sich von ihrem Vorhaben nicht abhalten und machte schließlich ihren Abschluss mit Auszeichnung.
Sie spricht davon, wie schwierig es ist, Söhne und Enkel zu haben, die in der Armee gedient haben, und über die Auswirkungen dieses Armeedienstes auf deren Leben. Auf die Frage, woher sie ihren Mut nehme, erzählt sie ausführlich von Briefen, die ihre Mutter ihr nach England geschrieben hatte. In dieser Form hat sie ihr die wichtigen Dinge des Lebens vermittelt, alles, was eine Mutter an ihre Kinder weitergeben möchte. Diese Briefe waren für Ester in ihrer Jugend eine Stütze und hatten noch als Erwachsene einen tiefen Einfluss auf sie. Sie hatte sie sogar als Buch veröffentlicht.

Dann kommt Mary an die Reihe. Sie erzählt uns, wie es war, als junge Palästinenserin in einem besetzten Gebiet – dem Ostteil von Jerusalem – aufzuwachsen. Sie verlor einige Schulkameradinnen und Kameraden, einer wurde auf dem Fahrrad erschossen. Sie erinnert sich mit Schrecken daran, wie sie von israelischen Soldaten auf dem Heimweg von der Schule eingekreist wurde. Niemand war in der Nähe, sie war ganz alleine. Zu Tode erschrocken glaubte sie, sie könnten sie verschleppen, ohne dass ihre Familie davon erfahren würde. Sie spricht von Belästigung und Demütigungen und während sie spricht, lässt das Zittern in ihrer Stimme ihre Angst offensichtlich werden.
Als die beiden Frauen geendet haben, sitzen wir einen Augenblick lang schweigend da, um die Tragik, aber auch die heroischen Momente der Erzählungen in uns aufzunehmen. Dann geht Ester, die Mary gegenüber gesessen hatte, quer durch den Raum auf Mary zu, nimmt sie in den Arm, so wie eine Großmutter es mit ihrer Enkelin tun würde, wiegt und beruhigt sie.

Das Leben von Ester und Mary, aber auch das Leben von uns allen, die wir als Zeuginnen dabei waren, wird niemals wieder sein wie vorher. Wir durften miterleben, wie sich zwei Menschen ihr Herz öffneten, den Mut fanden, verletzlich zu sein, wie die gemeinsame Erfahrung von Schmerz und Leid sie einander näher brachte und welche Kraft in dieser Begegnung lag.

Ester und Mary versprachen, sich wiederzusehen und vor kurzem schrieb Ester uns: „Wie ihr wisst, habe ich häufig Besuch aus Deutschland. Gestern besuchte ich mit einem deutschen Ehepaar Mary an ihrer Arbeitsstelle im Konvent. Sie führte uns herum, und dann setzten wir uns und kamen miteinander ins Gespräch. Sie bestätigte noch einmal, dass sie bis zum Zeitpunkt des Seminars nie einen Israeli gesprochen oder berührt hatte. Wir hatten seither einige Male miteinander telefoniert, aber du hättest das Strahlen in ihren Augen sehen sollen, als wir uns wieder von Angesicht zu Angesicht gegenüberstanden. Es war, als ob wir uns schon lange kennen würden. Sie versprach, mich bald zu Hause zu besuchen."

Wenn ich gefragt werde, was denn das Einfühlsame Zuhören im Hinblick auf die überwältigenden Probleme in der Welt bewirken kann, gehe ich in Gedanken zurück zu den vielen Menschen, deren Geschichte ich gehört habe. Auch wenn wir vielleicht nicht in der Lage sind, das Weltgeschehen sichtbar zu beeinflussen, bin ich mir sicher, dass es alle Anstrengung wert ist, wenn wir auch nur ein einziges Leben verändern, und ich weiß, dass diese Erfahrung des Zuhörens für manche Menschen lebensverändernd war. Ich vertraue voller Zuversicht darauf, dass Einfühlung und Verständnis letztlich das Leben all derjenigen verändern, die daran teilhaben.

Dieses Buch wurde geschrieben, um die vielen Fragen nach weitergehenden Informationen über das Einfühlsame Zuhören zu beantworten: Was es ist, warum wir es machen und wo man es anwenden kann. Wann ist es angemessen und wann nicht? Wie praktiziert man es? Wie kann man sich engagieren? Das Buch orientiert sich an diesen Fragen.

Teil I beschreibt die Philosophie und die Theorie des Einfühlsamen Zuhörens, die ihm innewohnenden Möglichkeiten, Wirkungen und Ergebnisse.

Teil II führt in die persönliche Praxis ein. Das Erlernen und Einüben der Fähigkeiten, die zum Einfühlsamen Zuhören gehören, beginnen mit einer grundlegenden individuellen Vorbereitung durch innere Arbeit. Das Kapitel *Individuelle Vorbereitung* bietet praktische Übungen an und bereitet den nächsten Schritt vor: das Üben mit anderen Menschen. Außerdem wird thematisiert, wie man Herausforderungen begegnet.

Kapitel 6 zeigt Möglichkeiten für Menschen auf, die sich stärker engagieren möchten. Es enthält Übungen, durch die man die eigenen Fähigkeiten erweitern kann, um mit Übungsgruppen, in Projekten und in einer breiteren Öffentlichkeit zu arbeiten.

Teil III beschreibt beispielhaft sieben verschiedene Projekte, in denen das Einfühlsame Zuhören heute angewandt wird, und gibt Kontaktinformationen.

Die *Zusätzlichen Übungen* im **Anhang** bieten weiteres Material für alle diejenigen an, die einzeln oder in Gruppen ihre Erfahrungen vertiefen möchten.

Das **Glossar** definiert einige der wichtigsten Begriffe, die im Zusammenhang mit dem Einfühlsamen Zuhören benutzt werden. Schließlich gibt es eine Literaturliste sowie eine Auflistung wichtiger Kontaktmöglichkeiten.

Dieses Buch wurde aus der Überzeugung heraus geschrieben, dass sich diese Arbeit ausbreiten und Grundlage eines jeden Dialoges werden sollte. Es soll als Einladung dienen, weltweit die Gemeinschaft derer zu vergrößern, die erkannt haben, welch große Bedeutung Respekt und Mitgefühl für jede menschliche Begegnung haben. In diesem Sinne soll es sowohl ein inspirierendes wie auch ein praxisnahes Buch sein.

Carol Hwoschinsky

Teil I
Was ist Einfühlsames Zuhören?

Gewaltfreiheit ist weniger eine Methode als vielmehr ein Weg,
um die Welt in dir selbst zu erfahren und die heilige Verbindung
mit allem Lebendigen zu erkennen.
Es ist die Erkenntnis, dass alles miteinander verbunden ist
und sich in einer kontinuierlichen Beziehung
zueinander befindet. – Brian Wilson

1. Grundhaltung und Übung: Was erfordert das Einfühlsame Zuhören in der Praxis?

Mitgefühl beginnt damit, dass wir uns selbst dort annehmen, wo sich unsere Menschlichkeit am stärksten zeigt und unsere Fähigkeit zu leiden. Indem wir mit unserer eigenen Leidensfähigkeit in Kontakt kommen, schaffen wir eine einfache und tiefe Verbindung zwischen unserer Verletzlichkeit und der Verletzlichkeit von anderen. Durch diese Erfahrung erlangen wir eine natürliche, gütige Einstellung dem Leben gegenüber, die die Grundlage jeglichen Mitgefühls und des aufrichtigen Dienens ist.
– Rachel Naomi Remen

Das Einfühlsame Zuhören ist eine Qualität des Zuhörens, die einen sicheren Rahmen für Menschen schafft, in dem sie sich frei ausdrücken und auf einer tieferen Ebene ihre Sorgen und Befürchtungen spüren können. Es bedeutet, empathisch mit Gefühlen und Lebensbedingungen anderer Menschen umzugehen, die durch Ereignisse und Bedingungen geformt wurden, die sie zum Teil mitbestimmen konnten und die sich zum Teil ihrer Kontrolle entzogen. Es bedeutet, Anteil daran zu nehmen, wo sich ein anderer Mensch gerade befindet.
Es bedeutet nicht, der Position und Meinung einer anderen Person zuzustimmen, sondern die eigene Position für einen Moment beiseitezustellen. Einfühlsam zuzuhören setzt nicht voraus, die Schuld für etwas anzunehmen. Es geht darum, den Bedürfnissen und dem Leiden anderer wirklich zuzuhören und das Recht eines jeden auf seine eigene Meinung zu respektieren. Es bedeutet, in der Phase der Vertrauensbildung jeglichen Einwand zur Seite zu schieben.

Das Einfühlsame Zuhören ist ein dynamischer Prozess und dient einem bestimmten Zweck. Es ist die Essenz eines jeden Dialoges, von dem man hofft, dass er zu Frieden und Versöhnung führen möge. Es ermöglicht Dialog und bereitet die Grundlage für alle bedeutungsvollen Beziehungen. Gruppen, die durch das Einfühlsame Zuhören verbunden sind, kommen eigens zusammen, um Menschen, die leiden und sich in einem Konflikt befinden, mit Offenheit zuzuhören.

Einfühlsam zuzuhören ist ein tiefer persönlicher Prozess. Wenn wir mit den Meinungen anderer nicht übereinstimmen, ist es schwierig, zuzuhören. Unparteilichkeit ist notwendig, wenigstens für den Augenblick. Wir müssen unsere eigenen Meinungen und Urteile beiseitelegen und dem Menschen, der unser Gegenüber ist, unsere ganze Aufmerksamkeit schenken.

Dieser Prozess des Zuhörens kann sowohl herzzerreißend als auch aufbauend sein. Wir erweitern unsere Fähigkeiten darin, präsent zu sein und Schmerz und Leid einzubeziehen, ohne sie zu unseren eigenen zu machen. Weil wir die Möglichkeiten erkennen, die jedem Ereignis innewohnen,wird dieses zu einem Geschenk. Durch Worte werden wir oft zu Zeugen davon, wie große Kraft und großer Mut inmitten von Leid entstehen. Durch unser Bezeugen wird diese Kraft zurückgespiegelt und die Erzählenden fühlen sich bestärkt und ermächtigt, wenn sie lernen, sich selbst auf diese Art und Weise zuzuhören.

Mitfühlendes Zuhören ist nicht auf offizielle Gruppen und Delegationen begrenzt. Es kann in allen Beziehungen praktiziert werden. Inmitten eines Konfliktes voller emotionaler Intensität wirklich einfühlsam zuzuhören ist eine der größten Herausforderungen, besonders dann, wenn wir selbst betroffen sind. Es ist die Grundlage, die zu einem anhaltenden Dialog führen kann. Ein erfolgreicher Dialog kann nur stattfinden, wenn Menschen bereit sind, sich gegenseitig und sich selbst wirklich zuzuhören. Dann entstehen aus diesem Dialog Problemlösungen und gegenseitige Fürsprache.

Obwohl es Techniken gibt, die wir lernen können, erfordert die Anwendung des Einfühlsamen Zuhörens im Wesentlichen eine persönliche Haltung, die Klarheit über die eigenen Absichten und Disziplin beinhaltet.

Anwendung

Einfühlsames Zuhören kann zu einer spirituellen Praxis werden. Wir berühren das Spirituelle, das Wesentliche, wenn wir uns der Heiligkeit dessen, das wir erfahren, bewusst werden. Wenn wir eine Blume betrachten und es uns gelingt, wirklich den ganzen Zauber ihrer Form und Farbe wahrzunehmen, ihre Zartheit, die auch ihren Platz im Universum hat, dann haben wir das Geistige[6] berührt. Wenn wir einen Stein in der Hand halten und wahrnehmen können, dass dieser Stein Millionen Jahre alt ist und denselben Ursprung hat wie wir selbst, dann haben wir das Wesen der Dinge berührt.

Wenn wir in einem Raum sitzen, jemandem zuhören, mit dem wir in wesentlichen Bereichen unvereinbare Meinungsverschiedenheiten haben, und wenn wir über diese Themen hinaus zu der wahren Menschlichkeit dieser Person vordringen können und uns mit dem Unaussprechlichen verbinden, werden wir eins. Wir haben das Wesentliche berührt. Wir werden beide durch diesen Prozess verwandelt. Das ist Spiritualität.

Das Üben erfordert von uns zunächst, Mitgefühl für unsere eigenen Urteile und Verurteilungen zu entwickeln, durch die wir reaktiv oder verschlossen werden. Dies erfordert Selbstwahrnehmung und Bewusstheit. Es gibt Zeiten, in denen unsere eigenen

6 Das englische Wort „spirit" umfasst die beiden deutschen Begriffe „Geist" und „Seele" und ist somit in dieser umfassenden Bedeutung nicht übersetzbar. (Anm. d. Übersetzerin)

Gefühle uns davon abhalten, zu hören, was die andere Person gesagt hat. Wenn wir in diesem Fall eine zentrierende Übung machen, hilft uns das, neutral zu bleiben.

Traditionell haben Menschen Gebete, Meditation, Yoga, Trommeln, Gesang und viele andere Techniken benutzt, um sich selbst zu zentrieren. Da Wut eine starke körperliche Komponente enthält, sind auch verschiedene Körperübungen angebracht. Neuerdings weiß man mehr über das Herz und seine Energieimpulse. Deswegen erweisen sich auch Techniken zur Fokussierung der Energie als hilfreich. In einigen Teilen der Erde, in denen man mehr mit diesen Energien arbeitet, werden diese Praktiken seit Jahrhunderten angewendet. Durch Übung entwickelt sich eine Sensibilität im Zuhören – wenn wir uns selbst und anderen tief zuhören und dadurch versuchen, das Wesentliche zu berühren.

Grundhaltung und Intention

Die Fähigkeit zuzuhören und andere dazu zu ermutigen, erfordert Klarheit über unsere Intention. Unser Anliegen ist es, Konflikte auf eine friedliche Art und Weise zu lösen. Wir sehen die Notwendigkeit, unsere Gegner zu respektieren und zu wissen, dass auch sie eine Perspektive einnehmen, die für sie Gültigkeit besitzt. Unserer Intention entspricht es, Methoden im Umgang mit Konflikten anzuwenden, die eher das Gemeinsame als das Trennende hervorheben. Das ist nicht immer einfach, wir müssen deshalb zu Kriegerinnen besonderer Art werden. Wir bekämpfen nicht andere. Wir bekämpfen die Kräfte in uns, die unsere eigenen, beschränkten Eigeninteressen verteidigen, anstatt das größere Ganze zu betrachten, das uns letztlich alle bereichert. Die Absicht, das eigene Herz zu öffnen, schafft ein Feld, in dem Heilung stattfinden kann.

Die Art, wie wir üblicherweise miteinander umgehen, erzeugt „Gewinner" und „Verlierer". Letztlich müssen wir alle zu Gewinnern werden, weil die Aufteilung in Gewinner und Verlierer in Wirklichkeit nur Verlierer erzeugt. Der Verlierer wird letzten Endes immer danach trachten, Macht zurückzugewinnen, und der Konflikt tritt in eine neue Runde.

Disziplin

Zur Intention gehört unbedingt auch Disziplin, denn Intention allein befähigt noch nicht zum Handeln. Wir brauchen Disziplin, um diese Fähigkeiten so lange einzuüben, dass sie zu unserer zweiten Natur werden. Es gibt viele Praktiken, die helfen, die spontane, emotionsgeladene Reaktion im Konflikt zu verzögern. Immer geht es darum, sich selbst zu zentrieren, das Herz einzubeziehen und die Aufmerksamkeit auf das größere Ganze zu richten.

Die tiefste Ebene von Kommunikation ist nicht Kommunikation, sondern Kommunion (Gemeinschaft). Sie ist wortlos. Sie übersteigt Worte und Reden und sie übersteigt Begrifflichkeiten. Nicht, dass wir eine neue Einheit entdecken. Wir entdecken eine alte Einheit. Wir sind bereits eins und stellen uns bloß vor, wir wären es nicht. Was wir wiederherstellen müssen, ist unsere ursprüngliche Einheit. Was wir sein sollten, ist, was wir sind.
– Thomas Merton, Rede in Kalkutta

2. Vorzüge, Ergebnisse und Wirkung des Einfühlsamen Zuhörens

Auge um Auge und wir alle werden blind. – Mahatma Gandhi

Ein menschliches Wesen ist Teil des Ganzen, das wir „Universum" nennen, ein Teil, das in Zeit und Raum begrenzt ist. Wir erfahren uns selbst, unsere Gedanken und Gefühle als etwas vom Rest Getrenntes – eine Art optische Bewusstseinstäuschung. Diese Täuschung ist für uns ein Gefängnis, das uns auf unsere persönlichen Wünsche und auf die Zuneigung von einigen uns nahe stehenden Personen beschränkt. Unsere Aufgabe muss sein, uns selbst aus diesem Gefängnis zu befreien und unsere Kreise des Mitgefühls zu erweitern, um alle lebenden Geschöpfe und die Gesamtheit der Natur in ihrer Schönheit zu umarmen. – Albert Einstein

Das vollständige Bild sehen

Sinnhaftigkeit ist eine Form der Stärke. Sie hat die Macht, Erfahrung zu verwandeln, und erhebt die schwierigste Arbeit in die Dimension von Freude und sogar Dankbarkeit. Sinnhaftigkeit ist die Sprache der Seele. Einige dienende Arbeiten können nur ertragen werden, wenn sie in einem höheren Sinnzusammenhang gesehen werden. – Rachel Naomi Remen

Unsere Welt ist ein komplexes und chaotisches System. Wir sehen uns mit großen Aufgaben konfrontiert, die schwer zu lösen sind, weil wir zwar alle Teile der Lösung vor uns haben, aber nie das Gesamtbild erfassen. Die zu leistende Arbeit besteht darin, die Teile, die wir erkennen, zu überschaubaren und zu wachsenden Ebenen der Komplexität zu verbinden, umso ihre Bedeutung aufzudecken. Wir leben im Informationszeitalter und erleben die Probleme als überwältigend, weil es uns schwer fällt, komplexe Informationen zu Sinneinheiten zu verbinden. Ideen zu verbinden und sich mit Menschen zu vernetzen wird in der gegenwärtigen Situation zum Dreh- und Angelpunkt. Zusammenhänge herzustellen ist unverzichtbar.

Im Konfliktfall verfügen alle beteiligten Parteien über Aspekte der Lösung und müssen angehört werden. Einer abweichenden Sichtweise zuzuhören kann sogar die eigene Position klären, und wer mit wachen Sinnen zuhört, kann übereinstimmende Aspekte in voneinander abweichenden Positionen entdecken. Wer sein Herz öffnet, kann präsent und verbunden bleiben, um diese Aspekte herauszuhören. Eine solche Verbundenheit lässt uns einen kurzen Blick auf den größeren Zusammenhang erhaschen, der die Lösung beinhaltet: Wenn wir alle unser Teil des Puzzles darbieten, entsteht das vollständige Bild.

Ein Hauptprinzip der Quantenphysik lautet: Das Ganze ist größer als die Summe seiner Teile. Man kann eine Uhr auseinandernehmen und hat dann eine eindrucksvolle Ansammlung von Teilen. Doch nur zusammengesetzt, miteinander verbunden und aufeinander bezogen werden sie als Uhr funktionieren. Dieses Prinzip ist von sozialer Tragweite: Ohne die Bemühungen einer Gruppe können Menschen, die ihre eigenen Wege gehen, nicht einmal effektiv für ihre Grundbedürfnisse sorgen. Alles, was wir tun, ist miteinander verbunden. Wenn wir zusammen an einem gemeinsamen Ziel arbeiten, können wir Hindernisse bewältigen, die wir alleine nie überwinden könnten. Das Einfühlsame Zuhören ist der Schlüssel für diese Zusammenarbeit.

Jede Botschaft enthält eine tiefer gehende Bedeutung. Unsere Meinungen sind nur die Spitze des Eisberges und sie überlagern Ebenen einer tieferen und umfassenderen Betroffenheit. Während wir einfühlsam zuhören, verstehen wir den Konflikt auf diesen tieferen Ebenen. Einstein wies darauf hin, dass ein Problem nicht auf der Ebene gelöst werden könne, auf der es entstanden sei. In Beziehungen müssen wir nach Bereichen suchen, in denen einzelne Bestandteile sich verbinden, und neue Perspektiven schaffen. Gleichzeitig hören wir „tiefere" Bedürfnisse des anderen heraus. Menschen gleichen sich eher, als dass sie sich unterscheiden. Schon Abraham Maslow stellte fest, dass wir alle die gleichen Grundbedürfnisse haben: Sicherheit, Nahrung, Zugehörigkeit, Liebe, soziale Anerkennung, Selbstakzeptanz und Selbstverwirklichung. Jeder Mensch hat das Bedürfnis, gesehen und anerkannt zu werden.

Es macht einen wesentlichen Unterschied, ob wir jemanden verurteilen oder ob wir mit seiner Position nicht übereinstimmen. Unsere Urteile verdammen die Person, mit der wir nicht übereinstimmen., wohingegen Meinungsverschiedenheit an sich keinen Schaden anrichtet. Es ist notwendig, unsere Unstimmigkeiten und Positionen zu verstehen, um Lösungen zu finden, von denen wir alle profitieren. Obwohl es manchmal notwendig ist, eine Position im Detail zu verstehen, geht es beim Einfühlsamen Zuhören nicht darum, zu einer Übereinstimmung auf der Ebene von Positionen zu gelangen. Es geht darum, die tiefer liegenden, unausgesprochenen Interessen, Bedürfnisse und Anliegen aufzudecken, die den Positionen zugrunde liegen. Sensibilisiertes Zuhören ist darauf ausgerichtet, hier Gemeinsamkeiten herauszufiltern.

Da jeder von uns nur einen Teil der Wirklichkeit sieht, müssen wir, um unsere Sicht zu erweitern, andere Ansichten aufnehmen und mit ihnen arbeiten. Ganz gleich, wie genau wir Positionen, Teile, Einzelstücke, Daten, persönliche Aspekte untersuchen, wir werden das Ganze und die in ihm enthaltene Bedeutung nicht verstehen. Will man die eigene Perspektive erweitern und den größeren Zusammenhang sehen, hilft es, voneinander abweichenden Positionen zuzuhören.

Die Zeit, in der wir leben, könnte man „chaordisch" nennen – nach einer Wortschöpfung von Dee Hock in seinem Buch *Die chaordische Organisation.* Wenn man sich die Probleme auf dieser Welt anschaut, scheinen sie in ihrer Komplexität nicht zu bewältigen zu sein. Wir leben in einem Informationszeitalter, in dem wir über die Herausforderungen, die dem ganzen Planeten bevorstehen, mehr wissen als je zuvor. Für unser Überleben ist es entscheidend, dass uns die volle Konsequenz der Tatsache bewusst wird, dass wir alle miteinander verbunden sind. Die vielen Informationsteilchen, die uns zugänglich sind, scheinen uns chaotisch zu sein. Und dennoch wissen wir, dass es auf einer bestimmten Ebene eine Ordnung gibt. Wie finden wir Lösungen für Probleme einer solchen Größenordnung?

Man braucht sich nur anzuschauen, wie gegenwärtig politische Systeme in verschiedenen Ländern funktionieren. Es ist nur eine Frage der Zeit, bis die Verliererinnen, die Schwächeren wieder Macht erlangen, der Kampf fortgeführt wird und schließlich eskaliert. Die Gewaltspirale dreht sich weiter, und das weckt Gefühle der Hoffnungslosigkeit. Diese Machtkämpfe sind Teil eines nicht funktionierenden Systems und wir sehen – wenn auch nur zaghaft – Anzeichen dafür, dass diese Strukturen durch eine neue Art des Umgangs miteinander ersetzt werden.

Die Fähigkeit, einfühlsam zuzuhören, eröffnet die Möglichkeit, Antworten zu finden – sogar auf große Fragen. Da wir alle Teil des Problems sind, sind wir auch alle Teil der Lösung. Wir müssen uns denen annähern, die andere Ansichten vertreten als wir – selbst unseren Feinden. Lösungen müssen sämtliche Sichtweisen beinhalten, damit sie funktionieren können. Jede Person verfügt über einen Teil der Antwort. Wir müssen uns gegenseitig zuhören. Wir müssen für diejenigen Mitgefühl entwickeln, mit deren Ansichten wir nicht einverstanden sind, unseren Hass beiseitelassen und anfangen zu arbeiten.

Ich hatte eine junge Umweltaktivistin eingeladen, an einem meiner Seminare im Einfühlsamem Zuhören teilzunehmen. Sie lehnte ab mit der Begründung, sie werde stattdessen im Wald Umweltaktivistinnen darin unterrichten, wie sie den Holzfällern gegenüber Widerstand leisten könnten. Es ist wahr, dass sich viele Gemeinschaften, Umweltschützerinnen und Industrievertreter buchstäblich im Krieg befinden – in einem Krieg, der sich auf Demonstrationen und Gerichtsverhandlungen konzentriert. Ein enormes Potenzial an Zeit, Energie und menschlichen Fähigkeiten wird in diesen Krieg gesteckt. Immer wenn ich mit beiden beteiligten Seiten gesprochen habe, finde ich heraus, dass oftmals (wenn auch nicht immer) deren Befürchtungen und Anliegen einander ähnlich sind. Es gibt einen gemeinsamen Boden, auf dem Lösungen entwickelt werden könnten.
Wie können annehmbare Lösungen gefunden werden, wenn die Gruppen nicht miteinander reden? Was sind die gemeinsamen Grundbedürfnisse aller Parteien? Was verbindet die Beteiligten? Das Einfühlsame Zuhören wird eine wichtige Rolle dabei spielen, die dem Chaos innewohnende Ordnung zu finden. Es ist der erste Schritt in Richtung einer wirklich systematischen Problemlösung. Es ist eine bewusste und entschiedene Form des Handelns, ein geeigneter Weg, um Konflikte zu transformieren.

Fähigkeiten entfalten

Indem uns zugehört wird, werden wir erschaffen. Innerlich werden wir weit und entfalten uns. Ideen beginnen in uns zu wachsen und erwachen zum Leben. – Brenda Ueland

Das Einfühlsame Zuhören ist ein zutiefst persönlicher Prozess, der in sämtlichen Facetten des Lebens Anwendung finden kann, sowohl bei tiefen inneren Konflikten als auch bei jeder Form von Beziehung. Wenn wir uns im Konflikt befinden, fühlen wir uns häufig verloren, weil wir nicht wissen, was wir tun sollen. Wenn Menschen die Fähigkeit des Zuhörens lernen und einüben, ändern sie sich selbst. Jedem steht diese Möglichkeit offen. In den Trainingsprogrammen, die ich durchführe, geht es oberflächlich um Konflikte zwischen Familienmitgliedern, Organisationen und ethnischen Gruppen. Der eigentliche Gewinn jedoch ist immer der, dass tiefe persönliche Veränderungen passieren. Teilnehmende berichten, dass sie sich persönlich gestärkt fühlen, weil sie Fähigkeiten im Zuhören entwickeln konnten, die nicht nur in ihren inneren Konflikten wirksam sind, sondern auch in privaten und beruflichen Beziehungen. Zuhören ist ein machtvolles Handwerkszeug, sowohl für den Zuhörenden als auch für denjenigen, dem zugehört wird.

In einem Kurs über Konfliktlösung berichtete eine Siebtklässlerin, sie habe in der vergangenen Nacht in einem Konflikt zwischen ihren Eltern vermittelt, indem sie den Streit unterbrochen und eine Alternative angeboten habe. Das Kind nahm die Rolle einer Mediatorin an, hörte zu und unterstützte die Eltern auf der Suche nach den hinter dem Streit liegenden Bedürfnissen und Interessen. Die neu erlernten Fähigkeiten hatten das Mädchen darin bestärkt, einzugreifen.

Konflikte auf einer tieferen Ebene lösen

Ich habe mich verändert. Ich lernte etwas über das Einfühlsame Zuhören und spürte, dass genau der Punkt, der uns getrennt hatte, eigentlich der Verbindungspunkt war. Und diese Erfahrung machte ich auch mit anderen Menschen. Wenn ich zuhören konnte und mich auf einer tiefen Ebene einlassen, konnte ich die Wunde des anderen auch in mir spüren. Wir waren Teil von etwas, das größer war als wir.
– Susan Heckler, *Teilnehmerin einer Delegation des Compassionate Listening Project*

Zuhören ist der Hauptbestandteil jedes Konfliktlösungsprozesses. Die Rolle eines Mediators besteht darin, die Kommunikation zwischen zwei Parteien zu fördern und Möglichkeiten der Zusammenarbeit und Übereinstimmung herauszuhören. Falls kein Mediator zur Stelle ist und wir selbst in den Konflikt verwickelt sind, können wir auf unseren „inneren Mediator" zurückgreifen. Dieser repräsentiert die Bewusstheit, die uns erlaubt, unsere eigene Position für einen Moment beiseitezulassen und uns auf ein tiefes, mitfühlendes Hören der anderen Seite einzulassen.

Das Zurückspiegeln oder Zusammenfassen der Essenz dessen, was die andere Person sagt, klärt deren Position und hilft gleichzeitig, die tiefer liegenden Themen ans Licht zu holen. Im nächsten Schritt können wir den anderen bitten, unserer Sicht der Dinge zuzuhören, damit wir unsere Position und die damit verbundenen Fragestellungen klären können. So entsteht eine Basis gegenseitigen Verständnisses, und der Einigungsprozess kann leichter vorangehen. Selbst in der ganz heißen Phase eines persönlichen Konfliktes sind wir nicht notwendigerweise auf andere angewiesen, die uns durch den Prozess des Einfühlsamen Zuhörens führen. Wir können den Prozess selbst initiieren und dadurch alle Beteiligten bestärken.

Allzu oft bemühen wir uns um eine Lösung, ohne vorher auf der tiefsten Ebene des Problems nach Klärung gesucht zu haben. Wenn Konflikte sich wiederholen, sind die tiefer liegenden Interessen, Bedürfnisse und Anliegen nicht zum Ausdruck gekommen. Kommt dann eine Lösung zustande, so ist es meist ein Kompromiss zwischen den verschiedenen Positionen, der nur den Anschein erweckt, eine Übereinkunft sei erzielt worden. Wenn aber nicht auch die tiefer liegenden Schichten eines Konfliktes in die Lösung einbezogen werden, wird sich der Konflikt fortsetzen, wenn auch in veränderter Form.

Im Falle eines Konfliktes liegt fälschlicherweise oft das Hauptaugenmerk auf den Positionen. Mit jeder Position sind tiefer gehende Bedürfnisse verbunden und diese herauszuhören und zu identifizieren erweitert die Möglichkeiten, Gemeinsamkeiten zu finden. Wenn auf dieser tieferen Ebene Übereinstimmungen gefunden werden, sind Lösungen zum Greifen nah.

Am Beispiel Familienkonflikt wird dies deutlich. Selbst wenn die Parteien sich auf eine neue Art und Weise geeinigt haben, mit Problemen umzugehen, währt der Frieden häufig nicht lange, und der Konflikt bricht in veränderter Form wieder aus. Werden aber die Unzufriedenheit und tiefer gehende Beziehungsthemen angesprochen, kann das letztlich zu einer dauerhaften Lösung führen.

Tiefe Wunden heilen

Um miteinander streitende Parteien zu versöhnen, müssen wir die Fähigkeit haben, das Leiden beider Seiten zu verstehen. Wenn wir Partei ergreifen, ist es unmöglich, Versöhnungsarbeit zu leisten. Und als Menschen wollen wir Partei ergreifen. Deswegen wird die Situation immer schlimmer. Gibt es Menschen, die noch für beide Seiten zur Verfügung stehen? Sie müssen nicht viel tun. Nur eines: Zu den Menschen der einen Seite gehen und über das Leid sprechen, das die auf der anderen Seite ertragen; und zu denen der anderen Seite gehen und alles über das Leid erzählen, was auf dieser Seite ertragen wird. Das ist unsere Chance, Frieden zu erlangen. Es kann die Situation verändern. Aber wie viele von uns sind in der Lage, das zu tun? – Thich Nhat Hanh

Wenn wir auf einer tieferen Ebene nach Klarheit suchen, hören wir den Beschwerden beider Seiten zu und teilen sie der anderen Seite mit; und dazu gehört auch, über Empfindungen von Leid zu sprechen. Leiden ist ein verbindendes Element. Wenn alle Parteien ihr eigenes Leiden anerkennen und das Leid, das sie anderen zugefügt haben, kommt der Prozess der wirklichen Versöhnung voran. Das ist nicht leicht und es bedarf sehr viel innerer Stärke, um das Leid anzuerkennen, das man selbst oder die eigene Gruppe anderen zugefügt hat.

Dabei geht es nicht darum, Schuldzuweisungen anzunehmen. Eine Handlung kann sich sehr wohl als gerechtfertigt erweisen. Es geht darum, das aus dieser Handlung resultierende Leiden anzuerkennen und zu bedauern. Auf dieser Ebene der Verwundbarkeit kann sehr viel Kraft freigesetzt werden.

Der Prozess des Zuhörens wird nicht zu einem Wettstreit darüber, welche Seite am meisten gelitten hat. Wenn wir dem Leiden anderer wirklich zuhören, öffnen sich unsere Herzen und Konkurrenz und Konflikte lösen sich auf. Wird das Leid gegenseitig anerkannt, können Menschen langsam und vorsichtig eine Beziehung aufbauen, die auf Vertrauen beruht.

Ich beriet eine Frau, die als Kind von einem Familienmitglied sexuell missbraucht worden war. Seit 25 Jahren bestritt die ganze Familie diese Vorfälle. Ihre Heilung begann, als der Täter endlich zugab, was er getan hatte, und sich für sein Verhalten entschuldigte. Er konnte es nicht ungeschehen machen, aber er konnte ihren Schmerz und ihr Leiden anerkennen.

Einfühlsames Zuhören vertieft nicht nur unser Verständnis für uns selbst, andere Menschen oder Situationen. Es kann Konflikte durchdringen und tiefe, emotionale Wunden heilen. Es verändert das Leben jener, denen zugehört wird genauso wie das Leben der Zuhörenden. Konflikte können so transformiert und geheilt werden.

Ob du dich in Gesprächen mit Ärztinnen, Heilern, Freundinnen, dir selbst oder Gott befindest, die heilige Kunst des Zuhörens ist ein außergewöhnliches Hilfsmittel für deine Heilung. Die Diagnose einer lebensbedrohlichen Krankheit fordert alle philosophischen Konzepte heraus, die du über die Heilung des Körpers durch die Psyche oder den Geist haben magst. Zuhören, wirkliches Zuhören, nährt und leitet dich, sodass du für deinen Körper und dein Leben Entscheidungen treffen kannst, die ein authentischer Ausdruck dessen sind, der du bist. – Amy Schnapper

Grundlagen der Zivilgesellschaft stärken

Was habe ich in den letzten 50 Jahren getan, das euch dazu hätte veranlassen können, mein Haus niederzubrennen? – Dervis Andaja zu seinen serbischen Nachbarn, als er aus dem Kosovo floh (Life Magazine, 1/00).

Um Frieden in einer Zivilgesellschaft zu verankern, braucht es die aktive Beteiligung der in ihr lebenden Bürgerinnen. Zuhören ist nicht nur eine Schlüsselmethode, um Konflikte zu lösen, sondern ist auch sehr wirksam darin, Konflikten vorzubeugen. Einfühlsames Zuhören baut Beziehungen auf durch das Zuhören mit dem Herzen. Im Gegensatz dazu arbeiten Politiker mit Positionen, d.h. mit einem rationalen Ansatz. Beide Herangehensweisen sind für den Frieden und für eine funktionierende Gesellschaft notwendig.

Fast überall auf der Welt, wo es momentan kriegerische Auseinandersetzungen gibt, sind diese zwischen Völkern ausgebrochen, die vorher oft Jahrhunderte lang friedlich zusammengelebt haben. Nationale Grenzen sind wiederholt durch Kolonialismus und Kriege verschoben worden. Ethnische Gruppen wurden getrennt, obgleich sie in vielen Fällen multikulturell und ethnisch gemischt friedlich zusammengelebt hatten. Wenn die Regierung eines Landes anfängt, wie im Fall des früheren Jugoslawien, die Flammen der Unzufriedenheit anzufachen, kommt es zur Explosion: Eine solche Dynamik lässt sich in letzter Zeit in vielen Teilen der Welt beobachten. Bevor zivile Uneinigkeiten eskalieren, sollten deshalb Zuhören und die Methoden der Konfliktbearbeitung im Bewusstsein jeder Gesellschaft auf allen Ebenen verankert sein und als Mittel der ersten Wahl angesehen werden.

Die Regierungen sind nicht in der Lage, durch Verträge und Veränderungen der Grenzen Frieden zu schaffen, und auch Krieg zu führen ist ohne zivile Unterstützung schwierig. Menschen, die das Prinzip des Einfühlsamen Zuhörens beherrschen – Lösungen herauszuhören, die in den Herzen aller Beteiligten verborgen sind –, werden Wege finden, um zu kooperieren und Probleme zu lösen. Solange Frieden von Menschen nicht gelebt wird, sind Verträge auf einer praktischen Ebene nicht wirklich umsetzbar. Es ist der ganz gewöhnliche Mensch, der den Frieden lebt oder auch nicht. Deshalb müssen in jedem Gemeinwesen Möglichkeiten dafür geschaffen werden, dass Menschen einander zuhören können.

> *Ich glaube fest daran, dass Menschen fortwährend miteinander reden müssen, oder besser gesagt, dass sie lernen müssen, miteinander zu reden, ganz unabhängig von der politischen Lage. Ich weiß, das ist nicht leicht, doch genau hier kommt das Einfühlsame Zuhören zum Tragen.*
>
> *Letzten Donnerstag nahm ich mit den Frauen in Schwarz an einer Demonstration in Jerusalem teil. Eine Gruppe von Kach-Rechten*[7] *mischte sich unter uns, sie riefen uns*

7 „Kach" ist eine rechtsgerichtete politische Gruppe in Israel, die mittlerweile illegal ist und in den USA als terroristische Gruppierung gilt. (Anm. d. Übersetzerin)

spöttische Bemerkungen zu und stellten ihre Plakate entlang des Demonstrationszuges auf. Die Polizei war noch nicht erschienen. Um zu bekunden, dass ich daran interessiert war, zuzuhören, anstatt zu streiten, sprach ich Einzelne aus der Gruppe an. Es entstanden zwei ganz kurze Gespräche, in denen beide Männer ihre Stimme dämpften und einwilligten oder vorschlugen, etwas abseits zu gehen, weil es dort ruhiger war. Obwohl sie bald von ihren Anführern aufgefordert wurden, zu ihrer Gruppe zurückzukehren, versuchten beide, noch zu bleiben und weiterzusprechen.

Auffallend war, dass beide mir die Frage stellten: „Warum sprecht ihr nicht auch mit uns – sondern nur mit den Arabern?" Das ließ mich aufhorchen: Wie oft hatten Menschen aus der Friedensbewegung versucht, den Rechten zuzuhören? Ich kenne viele Dialoginitiativen, aber ich denke natürlich an wirklich Einfühlsames Zuhören.
– Bracha Yanov

Viele Urgesellschaften besaßen entsprechende Strukturen. Die Demokratie der Vereinigten Staaten basiert zum Teil auf den Prinzipien der irokesischen Nation, die von Thomas Jefferson und Benjamin Franklin eingeführt wurden. Unsere Nation hat zwar von dem profitiert, was wir von den Ureinwohnerinnen dieses Landes gelernt haben, tragischerweise wurden diese Prinzipien aber nicht im Umgang mit eben dieser Bevölkerung angewandt.

„Sulha" nennt sich die traditionelle arabische Form der Versöhnung, die miteinander streitende Parteien zusammenführt, damit das Fehlverhalten ohne Gesichtsverlust benannt werden kann. So können die Beziehungen neu gestaltet werden. Da Konflikte seit jeher ein fester Bestandteil des Lebens sind, hat jede Kultur eine traditionelle Art und Weise entwickelt, Auswirkungen zu mildern. Sie alle basieren auf den Prinzipien des Einfühlsamen Zuhörens.

Babemba-Rechtsprechung

Beim Stamm der Babemba in Südafrika wird ein Stammesmitglied, das unverantwortlich oder ungerecht handelt, in die Mitte des Dorfes gestellt, allein und ohne Fesseln.

Jegliche Arbeit wird beendet und alle Männer, alle Frauen, alle Kinder des Dorfes versammeln sich in einem großen Kreis um die angeklagte Person herum. Jede Person des Stammes, unabhängig vom Alter, einer nach dem anderen, fängt dann an, laut sämtliche guten Taten aufzuzählen, die der Beschuldigte in seinem bisherigen Leben vollbracht hat. Jeder Vorfall, jede Erfahrung, die erinnert werden kann, wird in all ihren Details geschildert.

Alle positiven Eigenschaften, gute Taten, Stärken und Vorzüge werden sorgfältig und ausführlich wiedergegeben. Niemandem ist es erlaubt, etwas zu erfinden oder spaßhaft über die Erfolge oder die positiven Seiten des Menschen in der Mitte zu sprechen.

Die Stammeszeremonie dauert oft mehrere Tage und wird nicht beendet, bevor nicht wirklich alle alles zum Ausdruck gebracht haben, was ihnen an positiven Kommentaren zu der in der Mitte stehenden Person einfällt.

Am Ende wird der Stammeskreis aufgelöst, ein fröhliches Fest wird gefeiert und die Person wird symbolisch und real wieder als Stammesmitglied willkommen geheißen.

Glücklicherweise gibt es überall auf der Welt Projekte, die für die Zukunft hoffen lassen. Es sind zu viele, um sie alle aufzuzählen. Und es gibt überall von Mut und Mitgefühl geleitete Handlungen Einzelner, die den Glauben daran bestärken, dass es für Menschen einmal natürlicher werden könnte, Frieden zu stiften als zu kämpfen.

Vergebung und Versöhnung

Der innere Friede und die Sicherheit, nach der wir uns sehnen, wird zuerst und vorrangig in der Vergebung gefunden. – Yehezkel Landau

Wie wir alle wissen, ist es nicht leicht, um Vergebung zu bitten, und es ist nicht leicht zu vergeben. Wir wissen aber auch, dass es keine Zukunft gibt, wenn jemandem nicht vergeben werden kann. – Desmond Mpilo Tutu

Für manche bedeutet Vergebung, den Wunsch nach Rache fallen zu lassen und sich davon zu lösen, dem anderen Schaden zufügen zu wollen. Manche Menschen sind in der Lage, einer Person zu vergeben, können aber die Tat nicht verzeihen und bestehen weiterhin auf einer rechtmäßigen Bestrafung. Gerechtigkeit ist ein sehr wichtiger Teil des Wiedergutmachungsprozesses, in dem Vergebung nur ein Schritt ist.

Vergebung kann ohne Versöhnung geschehen und auch ohne die Wiederaufnahme der Beziehung. In vielen Fällen stehen Menschen aufgrund der räumlichen Entfernung für eine Beziehung nicht mehr zur Verfügung, oder sie sind mittlerweile gestorben oder nicht bekannt. Es mag also sein, dass wir keine direkte Beziehung zu jemandem haben können oder wollen, der uns Leid zugefügt hat. Dennoch können wir uns von den Fesseln des Hasses befreien, indem wir uns durch innere Arbeit auf den Weg der Vergebung machen. Dadurch können wir uns letzten Endes davon befreien, dauerhaft an jemanden gebunden zu sein und uns entscheiden, die Last der Rachegefühle abzulegen.

> *Ein früherer Häftling eines Nazi-Konzentrationslagers besuchte einen Freund, der dieselben Qualen erlitten hatte.*
> *„Hast du den Nazis vergeben?", fragte er seinen Freund.*
> *„Ja."*
> *„Gut, ich nicht. Ich bin noch voller Hass."*
> *„In dem Fall", sagte sein Freund sanft, „halten sie dich noch gefangen."*
> – Ernest Kurtz und Katharine Kitcham

Verschiedene Menschen definieren Vergebung ganz unterschiedlich, wobei die Definition sowohl kulturell wie auch religiös geprägt sein kann. Auf einem Seminar über Vergebung und Versöhnung, das von Menschen aus verschiedenen von Kriegen geplagten Kulturen und Ländern besucht wurde, überraschte mich, wie viele verschiedene Interpretationen des Wortes „Vergebung" es dort gab. Mir wurde bewusst, dass in den Vereinigten Staaten Vergebung allgemein verstanden wird als „die andere Wange hinhalten". Ich erkannte, wie sehr dieses Verständnis durch den christlichen Kontext geprägt ist. Für viele der Seminarteilnehmer war das vollkommen unakzeptabel. Viele Menschen lehnen die Vorstellung ab, „die andere Wange hinzuhalten", weil sie eine Beziehung, in der sie verletzt worden sind, nicht wieder aufnehmen wollen.

In Jerusalem hörten wir einem israelischen Psychiater zu, der eine Selbsthilfegruppe für Israelis anleitete, die durch terroristische Handlungen verwundet worden waren. Er wusste, wovon er redete, da auch er bei einem terroristischen Bombenangriff verletzt worden war. Er sprach zu uns über Vergebung und Versöhnung und dass beides zunächst einmal ein innerer Prozess ist. Man muss die emotionalen und psychologischen Auswirkungen des Ereignisses durcharbeiten. Vergebung stellt sich ein, wenn der Betroffene den Schaden akzeptiert. Aus dieser Akzeptanz heraus kann Vertrauen in die eigene Stärke zurückerlangt werden, die nicht vom Täter abhängig ist.

Durch Annahme des Geschehenen und der Folgen kann das Opfer seine Unabhängigkeit wiedererlangen, auch ohne Versöhnung. Er beschrieb, wie sich Menschen dabei verstrickten, die Ursachen des Geschehenen zu verstehen. Dieses Verständnis kann eintreten, es kann aber auch ausbleiben – die Wiedererlangung der eigenen Autonomie und Stärke ist davon unabhängig.

Vergebung bedeutet, dein Klagen aufzugeben und so deinen Kummer loszulassen.
– Eckhart Tolle

Vor vielen Jahren wurde ich in einem Seminar mit verhaltensauffälligen Jugendlichen von der Leiterin auf einen wesentlichen Punkt gestoßen. „Ein Mensch“, sagte sie, „tut immer das Beste, das er mit seinen ihm derzeitig zur Verfügung stehenden Möglichkeiten tun kann – sonst würde er etwas anderes tun.“

Diese Aussage saß mir lange Zeit quer, bis ich erkannte, dass sie Grundlage für mein Verständnis von Vergebung ist. Es bedeutet, dass Menschen immer das Beste tun, das sie im Moment, mit ihren jeweiligen Voraussetzungen, tun können. Daraus folgt nicht, dass das, was sie tun, gerecht, richtig oder zu rechtfertigen wäre. Aus einem tiefer liegenden Grund treffen sie diese und keine andere Wahl. Ich musste mich also intensiv mit der Bedeutung von Schuld und Verantwortlichkeit auseinandersetzen. Was uns von außen als unverantwortliches Verhalten erscheint, macht für die handelnde Person zum gleichen Zeitpunkt durchaus Sinn. Als ich das wirklich verstanden hatte, wurde es einfacher, das Verhalten zwar abzulehnen, der Person jedoch zu vergeben oder ihr sogar Liebe entgegenzubringen. So hatte ich die Möglichkeit, mit jemandem in Verbindung zu bleiben, dessen Verhalten ich nicht billigen konnte. Die Wiederherstellung von Beziehungen –Versöhnung – ist idealerweise das Ergebnis von Vergebung.

Erinnerungen bewahren

Das Teilen von Erinnerungen ist unsere intimste und kostbarste Möglichkeit, um unser Leben zu verstehen und unseren Weg zu finden. – Ursula Le Guin

Durch die Schnelllebigkeit unserer Zeit haben wir vieles Kostbare verloren. Ein erwähnenswerter Verlust für mich ist, dass wir keine Zeit mehr finden, Geschichten zuzuhören. Traditionell waren die Geschichten das Bindemittel einer Kultur, das die Sippen, Familien und Völker zusammenhielt. Durch die mündliche Weitergabe der Geschichten sind unsere Ethik, Werte und Traditionen nicht nur überliefert worden, sie haben sich durch das Erzählen herausgeformt. In jeder Geschichte ist ein Schlüssel verborgen, der helfen kann, das Mysterium der menschlichen Natur zu enthüllen: Was könnte möglicherweise dazu geführt haben, dass eine bestimmte Person glaubt, was sie glaubt?

Geschichten nehmen uns mit auf einen Spaziergang durch Zeit und Raum, indem sie sich auf die Vergangenheit beziehen und die Gegenwart enthüllen, die durch das Erzählen selbst zur Geschichte werden wird. Geschichte wird lebendig, Ereignisse bekommen eine persönliche Färbung, und man betritt eine andere Dimension der Wirklichkeit. Große geschichtliche Zusammenhänge werden auf einer menschlichen Ebene verständlich und andere Teile des unbekannten Puzzles werden aufgedeckt.

Hinter dem, was erzählt wird, steht immer eine Geschichte, die über das Berichtete hinausgeht. Wenn der Geschichtenerzähler gefühlsmäßig mit der Geschichte verbunden ist, wird seine Stärke sichtbar. Es braucht unglaublichen Mut, verletzlich zu bleiben. Es ist keine Vorführung. Wir betreten einen heiligen Raum. Es ist das Leben selbst, das sich durch diese Person zeigt. Wir hören uns selbst in der Geschichte einer anderen Person, da wir uns eher gleichen, als dass wir uns unterscheiden. Der Verlauf der Geschichte mag unterschiedliche Ereignisse beschreiben, doch die Erfahrungen eines jeden Lebens berühren dieselben Gefühle in uns allen. Wir können uns dazu in Beziehung setzen.

Wenn wir Menschen ermutigen, ihre Geschichte zu erzählen, ist das ein Weg, um eine grundlegende menschliche Verbindung herzustellen. Geschichten werden von beiden gehört, vom Zuhörenden und vom Erzählenden. Wenn wir unsere Geschichte erzählen, hören wir uns selbst und das, was uns wichtig ist. Wir lieben und werden geliebt und können die Verlustängste wertschätzen, die wir alle teilen. Indem wir diese Trauer, die Ängste und die Freuden anerkennen, schaffen wir Verbindung und Vertrauen. Wir werden gesehen.

Geschichten zeigen uns, was es bedeutet, Mensch zu sein. Manchmal zeigen sie uns, wie durch geistige und seelische Größe Gegnerschaft überwunden wird. Wir werden Zeugen dessen, was Joseph Campbell als „Reise des Helden“ bezeichnet, die letztlich zur Umwandlung von Hass und Schmerz in Liebe führt. Es ist schwer sich anzuhören, welch hohen Tribut bestimmte Geschehnisse von Menschen fordern, und ihr Leiden mitzuerleben. In einer Geschichte erhalten die hässlichen Ereignisse eine persönliche Dimension und ihre gefühlsmäßigen Folgen können nicht ungeschehen gemacht werden.

Noch nie war ich in meiner Fähigkeit zuzuhören so stark gefordert worden, wie vor einigen Jahren bei der mündlichen Anhörung des Mörders meiner Nichte. Als er seinen Fall darstellte und seine Geschichte erzählte, konzentrierte ich mich darauf, zu hören, was sich in der Schilderung seines tragischen Lebens verbarg, die Haltung und Einstellungen, die zu diesem verheerendem Ereignis geführt hatten. Ich konnte die Handlung nicht verzeihen, aber am Ende gelang es mir, Mitgefühl für ihn zu entwickeln. Seine Geschichte berührte mein Herz.

Die eigentliche Herausforderung des Einfühlsamen Zuhörens besteht darin, die Geschichte beider Seiten zu hören, die der Unterdrückten und der Unterdrücker, Menschen zuzuhören, die Werte vertreten, die sich von unseren vollkommen unterscheiden, und Empathie zu entwickeln für den Menschen als solches, der mehr ist als seine Handlungen.

Teil II

Die Anwendung des Einfühlsamen Zuhörens

Die Kunst, Verständnis herzustellen, ist vergleichbar mit dem Weben eines Stoffes aus den Fäden des Schweigens, des richtigen Zeitpunktes, der richtigen Stimmlage, der Absicht und anderer nichtsprachlicher Mittel. Man beginnt einen heiklen Balanceakt zwischen Selbstbehauptung und Empfänglichsein. Zuhören ist das Herzstück.

– Carol Hwoschinsky

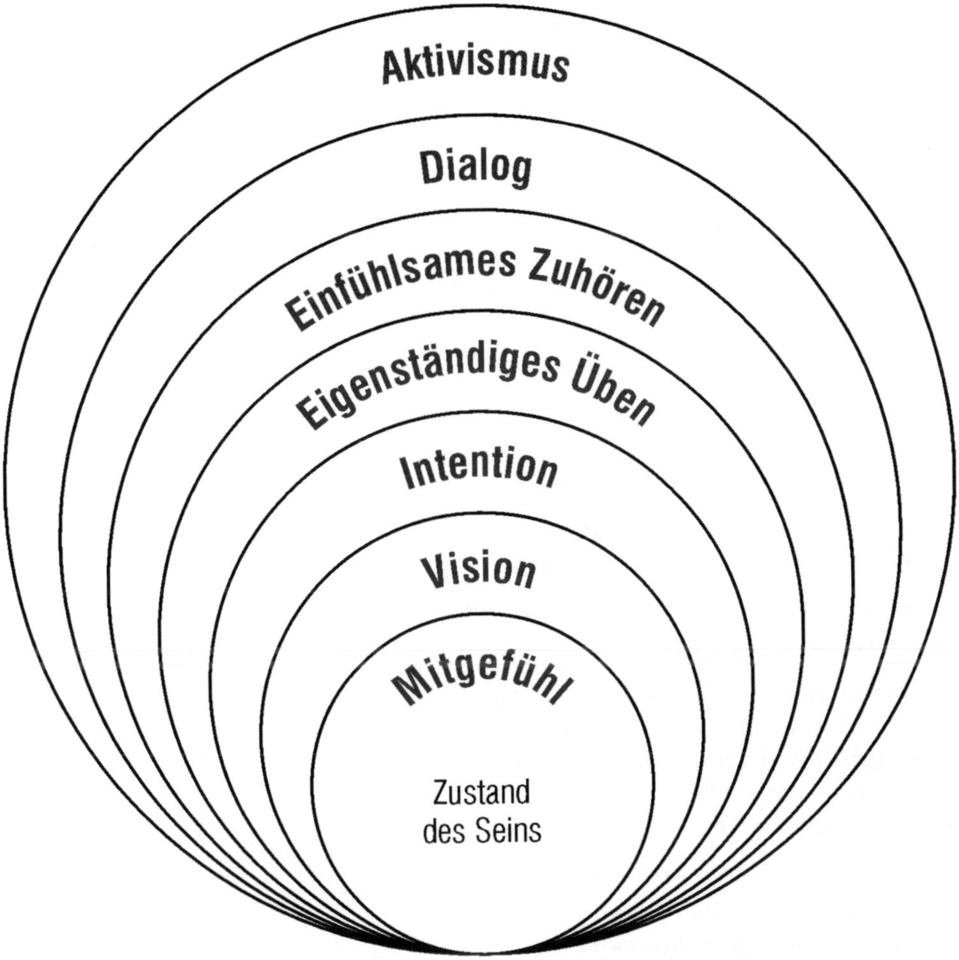

Die Anwendung des Einfühlsamen Zuhörens

Bitte nenne mich bei meinen wahren Namen

Sage nicht, dass ich morgen fortgehe –
denn ich komme doch heute gerade erst an.

Betrachte es ganz tief: Jede Sekunde komme ich an –
sei es als Knospe an einem Frühlingszweig
oder als winziger Vogel mit noch zarten Flügeln,
der im neuen Nest erst singen lernt;
ich komme als Raupe im Herzen der Blume
oder als ein Juwel, verborgen im Stein.

Ich komme stets gerade erst an, um zu lachen und zu weinen,
mich zu fürchten und zu hoffen.

Der Schlag meines Herzens ist Geburt und Tod
von allem, was lebt.

Ich bin die Eintagsfliege, die an der Wasseroberfläche
des Flusses schlüpft.

Und ich bin auch der Vogel,
der herabstürzt, um sie zu schnappen.

Ich bin der Frosch, der vergnüglich
im klaren Wasser eines Teiches schwimmt.

Und ich bin die Ringelnatter, die in der Stille
den Frosch verspeist.

Ich bin das Kind aus Uganda, nur Haut und Knochen,
mit Beinchen so dünn wie Bambusstöcke;
und ich bin der Waffenhändler,
der todbringende Waffen
nach Uganda verkauft.

Ich bin das zwölfjährige Mädchen,
Flüchtling in einem kleinen Boot,
das von Piraten vergewaltigt wurde
und nur noch den Tod im Ozean sucht;
und ich bin auch der Pirat –
mein Herz ist noch nicht fähig, zu erkennen und zu lieben.

Ich bin ein Mitglied des Politbüros
mit reichlich Macht in meinen Händen;
und ich bin der Mann, der seine „Blutschuld“
an sein Volk zu zahlen hat
und langsam in einem Arbeitslager stirbt.

Meine Freude ist wie der Frühling, so warm,
dass sie Blumen auf der ganzen Erde erblühen lässt.

Mein Schmerz ist wie ein Tränenstrom, so mächtig,
dass er alle vier Meere auffüllt.

Bitte nenne mich bei meinen wahren Namen,
damit ich all mein Weinen und Lachen
zugleich hören kann,
damit ich sehe,
dass meine Freude und mein Schmerz eins sind.

Bitte nenne mich bei meinen wahren Namen,
damit ich erwache,
damit das Tor meines Herzens
von nun an offen steht –
das Tor des Mitgefühls.

Thich Nhat Hanh

Aus: Thich Nhat Hanh, Nenne mich bei meinen wahren Namen: Gesammelte Gedichte, S. 82f.

Dieses Gedicht wurde 1978 in der Zeit der Hilfsaktionen für die Bootsflüchtlinge geschrieben. Es wurde zuerst während eines von Niko Tidmann organisierten Meditationsretreats im Kosmos-Zentrum in Amsterdam vorgelesen.

3. Persönliche Vorbereitung

Unsere menschliche Größe besteht nicht in erster Linie in unserer Fähigkeit, die Welt neu zu erschaffen – das ist der Mythos des „Atomzeitalters" –, sondern vielmehr darin, dass wir in der Lage sind, uns selbst neu zu erschaffen. – Mahatma Gandhi

Zur persönlichen Vorbereitung gehört zunächst ein grundsätzliches Verständnis der Prinzipien des Einfühlsamen Zuhörens: Was es ist, was es nicht ist und wann es angewandt wird. Dieser theoretische Hintergrund wurde in Teil I dieses Buches erläutert.

In diesem Teil II soll es nun um die notwendigen Vorbereitungen gehen, um zu den gewünschten Ergebnissen zu gelangen. Hierfür werden Übungen, Verfahren, Betrachtungen und die Möglichkeit angeboten, Grundlagen im Einfühlsamen Zuhören für sich selbst zu entwickeln. Weitere Übungen finden sich im Anhang unter *Zusätzliche Übungen.*
Kapitel 3 behandelt die grundlegende persönliche Vorbereitung und Übungen für die persönliche Praxis, beides Grundvoraussetzung für jegliche Form der Anwendung des Einfühlsamen Zuhörens. Vielleicht gibt es Leserinnen, die zunächst nur an einer persönlichen Weiterentwicklung interessiert sind und diese Arbeit darüber hinaus nicht anwenden wollen. Für diejenigen jedoch, die sich auch auf die Arbeit mit Gruppen vorbereiten wollen, schließt sich Teil III, *Projektberichte,* mit weiterführenden Schritten an.

Aber ein ungeprüftes Leben ist für einen Menschen nicht lebenswert. – Sokrates

In der persönliche Vorbereitung lernen wir zunächst, in der Gegenwart anzukommen – die Aufmerksamkeit ins „Jetzt" zu bringen – und uns nicht durch innere Urteile und Konflikte irritieren zu lassen oder abgelenkt zu werden durch Ideen oder Ereignisse in der Umgebung. Sind wir innerlich ruhig und aufmerksam, können wir einer anderen Person gegenüber präsent sein.

Die Arbeit besteht darin, unsere Irritationen zu klären bezüglich der Menschen und Themen, die uns nahe sind, und mit dem, das uns nicht gefällt, ins Reine zu kommen, in Einklang zu kommen mit der Art und Weise, wie wir mit Dingen umgehen, die uns aufregen, und unseren Leidenschaften und Abneigungen mit Aufmerksamkeit und Gelassenheit zu begegnen. Das bedeutet nicht, dem Leben gegenüber neutral oder gleichgültig zu werden, sondern sich mit der Lebensenergie in Einklang zu bringen.

Entwickle deinen persönlichen Übungsplan und wähle die für dich passenden Übungen aus. Beginne, den Menschen um dich herum und ihren Anliegen zuzuhören: dem Lebensmittelverkäufer, der Flughafenangestellten, der Sprechstundenhilfe. Höre deinen Familienangehörigen bewusst und mitfühlend zu. Beoachte, in welchen Situationen es dir relativ leicht fällt, einfühlsam zuzuhören, und nimm wahr, wie du dich dort einbringst.

Taste dich dann zu schwierigeren Situationen vor und beobachte deine Antworten und Reaktionen auf Menschen und Themen. Was sind die für dich schwierigen Bereiche und warum sind sie schwierig? Gelingt es dir, deine eigene Meinung beiseitezulassen, während du zuhörst? Welche inneren Konflikte tauchen auf? Gibt es bestimmte Menschen, die bei dir „den Schalter umlegen"? Sieh dir diesen Schalter, diesen Auslöser, an. Was macht es so schwierig, nicht darauf zu reagieren und zuzuhören?

Cynthia Monroe, vom Projekt *Konflikte durch Regulierung der Jagd- und Fischereirechte bei Subsistenzwirtschaft: Die Bewohner Alaskas hören einander zu* (s. Teil III, Kapitel 10), warnt davor, sich in Situationen zu begeben, die einen überfordern:

> *Du darfst niemals versuchen, in einem öffentlichen Rahmen bei einem Thema die Rolle des einfühlsam Zuhörenden einzunehmen, bei dem deine eigenen Erfahrungen noch zu frisch oder zu schmerzhaft sind. Dann nämlich wirst du verletzt und verletzt die, zu denen du ursprünglich eine Brücke schlagen wolltest. Wenn du im Herzen das Gefühl trägst, dass eine bestimmte Person oder Gruppe nicht erreichbar ist, böse ist oder es für sie keine Hoffnung mehr gibt, dann lass dich in diesem Rahmen nicht auf das Einfühlsame Zuhören ein.*
>
> *Bist du bereits involviert und fühlst dich wie oben beschrieben, dann mach nicht einfach weiter und verlasse u. U. sogar das Projekt.*
>
> *Es ist vollkommen in Ordnung, sich so zu fühlen, und es ist unbedingt notwendig, es rechtzeitig zu erkennen. Es kann sein, dass du eine Pause brauchst, um später auf das Thema zurückzukommen. Oder es kann bedeuten, dass die Aufgabe, die du in diesem Bereich zu erfüllen hast, nicht im Einfühlsamen Zuhören, sondern in einer direkteren Aktion besteht.*

Heile die Bereiche, die schwierig für dich sind, indem du dir deiner inneren Konflikte bewusst wirst und übst, dich zu zentrieren und mit deinen Schattenseiten zu arbeiten.

Deine persönliche Vision

Erwarte nichts, aber sei in erwartungsvoller Bereitschaft.
– Diane Pike & Arlene Lorrance vom Love Project

Was uns motiviert und leitet ist unsere Vision. Und weil wir die Vision einer friedvolleren Welt haben, hat die damit verbundene Arbeit eine so große Anziehung auf uns. Somit setzt unsere Vision Energien frei, die uns auf das ersehnte Ziel zubewegen, und es erfüllt uns mit Ehrfurcht und gleichzeitig mit Kraft, wenn wir diesen Wirkungsmechanismus spüren. Wenn wir uns vorstellen, dass wir an der Erschaffung einer friedvollen Welt mitwirken können, macht uns das ehrfürchtig. Und wenn Menschen mit einer gemeinsamen Vision zusammenkommen, entsteht eine große Kraft. Die Vision schafft somit eine Bündelung von vielfältigen Aktivitäten.

Sich mit der eigenen Vision verbinden

Es ist hilfreich, sich die folgenden Fragen in einem entspannten, meditativen Zustand zu stellen. Dabei reagieren einige Menschen besser auf Bilder und Symbole als auf Wörter. Wenn du die Antworten dieser ersten Befragung in dich aufgenommen hast, so kannst du deine Vision aufschreiben oder malen und sie dann in Gegenwart anderer Menschen in Worte fassen, sodass diese jetzt Gelegenheit haben, dir einfühlsam zuzuhören.

Bedenkenswerte Fragen sind: Wie entstand mein Interesse (meine Leidenschaft) für das Einfühlsame Zuhören? Warum bin ich hier? Welche Schritte in meinem Leben haben mich zu diesem Zeitpunkt an diesen Ort geführt?

Welche Bereiche dieser Arbeit ziehen mich besonders an? Wo auf meiner Reise befinde ich mich im Moment? Wohin will ich von hier aus gehen? Gibt es etwas, das mich daran hindert, meine höchste Vision Wirklichkeit werden zu lassen? Auf welche inneren und äußeren Ressourcen, die mir helfen, mich durch diese Widerstände hindurchzuarbeiten, kann ich zurückgreifen? Welche Menschen können mich inspirieren und leiten? Wie verbinde ich mich mit Gleichgesinnten?

Vertiefende Fragen

Gene Knudsen Hoffman verwendet Zitate und damit verbundene Fragen, die geeignet sind, unser Verständnis und unsere eigenen Reaktionen auf Mitgefühl, Verleugnung, Vergebung und Versöhnung zu vertiefen. Hier folgt ein Ausschnitt aus ihrer Einführung zum Thema Mitgefühl. (Der vollständige Text kann von ihrer Webseite www.coopcomm.org heruntergeladen werden.)

Wir müssen beide lieben, diejenigen, deren Meinung wir teilen, und diejenigen, deren Meinung wir ablehnen, denn beide waren an der Suche nach Wahrheit beteiligt und beide haben geholfen, sie zu finden. – Thomas von Aquin

- Wie können wir Mitgefühl empfinden für die, deren Meinung wir ablehnen, besonders dann, wenn Gewalt gegen andere Menschen gutgeheißen wird?
- Welche Schritte können wir unternehmen, um diesen Menschen unsere Liebe zu zeigen?
- Inwieweit wirken wir beide an der Suche nach Wahrheit mit? Wie hat unsere Gegensätzlichkeit uns dabei geholfen, sie zu finden?
- Was ist so bedeutsam daran, nach der Wahrheit zu suchen? Was ist unserer Meinung nach Wahrheit?
- Hast du jemals einen Menschen geliebt, mit dem du überhaupt nicht übereinstimmtest? Wie war das? Wie bist du damit umgegangen?
- Tauscht euch über eure Antworten aus.

Innere Konflikte

Bei vielen von uns gleicht die innere Landschaft einem Kriegsgebiet, was zum Hindernis wird, wenn es darum geht, in einer Konfliktsituation einfühlsam zuzuhören. Es gibt dann viele innere Stimmen, die sich dem Zuhören widersetzen und die häufig auch miteinander in Konflikt sind. Ich spreche über unsere eigenen Bewertungen und Verurteilungen, die sehr geschickt darin sind, uns von dem Vorhaben, unvoreingenommen und einfühlsam zuzuhören, abzulenken. Werden wir uns dieser Voreingenommenheiten nicht bewusst, bezeichnen wir sie als „Schatten". Die Gefahr eines solchen Schattens besteht darin, dass wir Eigenschaften, die wir bei uns selbst nicht wahrnehmen, auf jemand anderen projizieren. Auf diese Art und Weise entstehen Feindbilder. Wenn wir z.B. abstreiten, dass wir selbst über andere urteilen, kann es passieren, dass wir stattdessen von anderen annehmen, sie würden Urteile fällen. Über andere zu urteilen ist ein weit verbreiteter Schatten.

Aus demselben Grund bringt es jedoch genauso wenig, sich für die eigenen Urteile zu verurteilen: Verurteilung erzeugt Widerstand. Einfühlung neutralisiert. Wenn wir versuchen, etwas loszuwerden, machen wir es nur stärker. Deshalb ist das beste Mittel, uns diesem misstönenden Chor innerer Stimmen zuzuwenden, ihn ins Bewusstsein zu holen und uns selbst mit Mitgefühl zu begegnen.

Dieser innere Zustand ist Teil des Mensch-Seins und betrifft deshalb uns alle. Wir können erfahren, wie Widerstand sich auflöst, wenn wir einem anderen Menschen urteilsfrei begegnen. Uns selbst gegenüber funktioniert das genauso. Mit Mitgefühl dem zu begegnen, was wir ablehnen, ist der einzige Weg, unseren Widerständen die Energie zu entziehen.

Alle unsere Ansichten und Verhaltensmuster existieren, weil sie uns in der Vergangenheit einmal geholfen haben. Sie beschützten uns und erfüllten eine Aufgabe, denn sonst würden wir nicht mehr auf sie zurückgreifen.

Aber die Erfordernisse der Vergangenheit bestehen nicht mehr, wir sind reifer und selbstbewusster, als wir zu der Zeit waren, in der wir unsere Verhaltensmuster ausgebildet haben. Die Relikte unserer Vergangenheit sind uns zur Gewohnheit geworden, obwohl sie uns nicht länger dienen. Eine Möglichkeit, ihnen Energie zu entziehen, besteht darin, neue Möglichkeiten ausfindig zu machen, die unserer heutigen Situation angemessener sind. Außerdem müssen wir Strategien dafür entwickeln, wie es uns gelingen kann, diese neuen Muster zu aktivieren, wenn wir uns mal wieder in alte Verhaltensmuster verwickeln. Dies ist ein sich ständig neu entfaltender Prozess der Selbstvergebung.

Indem wir unsere inneren Konflikte wahrnehmen, nehmen wir ihnen ihre Macht über uns, und gleichzeitig hilft uns das, mitfühlender mit anderen zu sein, wenn wir bei ihnen solche Konflikte wahrnehmen. Wenn wir mit einem Vertrauten darüber sprechen, führt das oft zu der Erkenntnis, dass wir in unserem Bestreben, diese „Leichen im Keller“ kennenzulernen, nicht alleine sind.

Zentrierung

Wenn wir Menschen zuhören, die sich im Konflikt oder im Schmerz befinden oder die Ansichten vertreten, die von den unseren stark abweichen, kann das Stress erzeugen und unsere ungeteilte Aufmerksamkeit beeinträchtigen. Das Zuhören kann starke Gefühle in uns auslösen. Unser Körper ist das Instrument, mit dem wir diese Gefühle wahrnehmen. Die Stelle im Körper auszumachen, wo sich Empfindungen manifestieren, hilft uns zu verstehen, um welches Gefühl es geht und wie wir es loslassen können. Enge in der Brust, Knoten im Magen, schwitzige Hände und Füße, Anspannung im Kopf und um die Augen herum sind verbreitete Hinweise für emotionalen Stress. Jeder kann für sich Methoden finden, die ihn darin unterstützen, Stress aufzulösen und durch die Konzentration auf den Körper in einen zentrierten Zustand zu gelangen. Hierfür wird oft die Aufmerksamkeit auf den Atem gerichtet. (Siehe hierzu auch *Zusätzliche Übungen*, im Anhang.)

4. Techniken

Diese Art des Zuhörens erfordert eine besondere Herangehensweise. Die Fragen sind nicht polarisierend. Das Zuhören ist nicht urteilend. Der Zuhörende sucht nach der Wahrheit der befragten Person und bemüht sich, durch die Masken von Feindseligkeit und Angst hindurch die Heiligkeit jedes Einzelnen zu sehen. Er erkennt die Wunden, die die Ursache für jegliche Form von Gewalt sind. Die Zuhörenden verteidigen sich nicht, sondern akzeptieren, was auch immer andere als Wahrnehmung in Worte fassen, und erkennen deren Recht auf diese Wahrnehmung an. – Gene Knudsen Hoffman

Durch das Einüben bestimmter Techniken wird aus einer reinen Idee eine gezielte Handlung. Vielleicht fühlst du dich bei der Anwendung dieser Techniken zunächst unbeholfen und empfindest, was du sagst, als unaufrichtig. Wenn du jedoch für dich und in einer Gruppe übst, wirst du nach und nach deine eigene Ausdrucksform finden. Damit wird die Unbeholfenheit sehr wahrscheinlich verschwinden und die Anwendung des Einfühlsamen Zuhörens entwickelt sich zu einem authentischen Ausdruck deines Interesses und Mitgefühls anderen Menschen gegenüber.

Einfühlsames Nachfragen

Auf wesentliche Fragen gibt es keine Antworten.
Du bist meine Frage, und ich bin deine – und dadurch entsteht Dialog.
In dem Moment, wo wir Antworten finden, gibt es keinen Dialog mehr.
Fragen vereinigen Menschen, Antworten trennen sie.
Wozu also Antworten haben, wenn du ohne sie leben kannst? – Elie Wiesel

Beim Einfühlsamen Zuhören können Nachfragen einerseits einen sicheren Rahmen im Prozess schaffen und ihn andererseits zerstören. Als Zuhörende bitten wir Menschen, ihre persönlichen Erfahrungen mitzuteilen und sich damit unter Umständen sehr verletzlich zu machen. Wie die Fragen gestellt werden, kann ausschlaggebend dafür sein, ob sich ein Mensch öffnet oder verschließt. Der Lernprozess besteht darin, vom Herzen zu fragen, und zwar so, dass Verständnis und Empathie gefördert werden und dem Sprechenden ermöglicht wird, mit seiner Aufmerksamkeit bei sich zu bleiben.

Wir müssen uns der Wirkung bewusst sein, die eine bestimmte Form des Fragens auf den Sprechenden haben kann: Manche Fragen können den Gesprächsfluss unterbrechen oder provozieren, können verhindern, dass Verletzlichkeit zugelassen wird, oder dazu dienen, das eigene Wissen zu demonstrieren. Sei dir über deine Absicht im Klaren, bevor du fragst. Geht es dir darum, mehr zu verstehen? Dazuzulernen? Um Beeinflussung? Herausforderung? Möchtest du deine als Frage getarnte Meinung zum Ausdruck bringen? Die Aufmerksamkeit auf dich lenken? Oder eine weiterführende Vertiefung anregen?

Einfühlsam Zuhörende nutzen die heilenden Aspekte des Fragens. Ihre Fragen können einen tiefer liegenden Sinn haben, der Menschen aus einer festgefahrenen Situation herausführt, indem ihnen eine größere Perspektive angeboten wird, ein Gefühl der Hoffnung und Sinnhaftigkeit und indem die Fragen auf das Beste im Menschen abzielen. Die Fragen können Lösungsmöglichkeiten implizieren, indem sie jemanden an vergangene Erfolge erinnern. Sie ermutigen dazu, Alternativen zu erforschen, stärken die Motivation und können verzerrte Wahrnehmungen klären. Achte bei der Formulierung solcher Fragen darauf, sie offen zu stellen. Biete Fragen an, die nicht einfach mit Ja oder Nein beantwortet werden können und ein großes Spektrum an Antworten ermöglichen. Bewahre dir beim Fragen einen Forschergeist.

Einige Beispiele

In der Anfangsphase:

Können Sie uns etwas über die Situation erzählen, mit der Sie gerade zu tun haben?
Wie hat diese Situation Ihr Leben beeinflusst?

Im weiteren Verlauf:

Können Sie mehr darüber erzählen?
Wie war das für Sie?
Können Sie das näher ausführen?
Wie fühlen Sie sich bezüglich ...?
Ich frage mich, welche Ansichten andere darüber haben könnten?
Wenn diese Situation vollständig gelöst wäre: Inwiefern würde sich Ihre Lage verbessern?
Helfen Sie mir zu verstehen, weshalb das für Sie wichtig ist.

Weitere wichtige Fragen, die Möglichkeiten eröffnen:

Hoffnung! Sind Sie hoffnungsvoll?
Was bedeutet Liebe in Ihrer Kultur/Religion?
Was bedeutet Vergebung?

Streitigkeiten erreichen ein bestimmtes Ausmaß, weil grundlegende Bedürfnisse nicht erfüllt werden. Welches tiefe, unerfüllte Bedürfnis liegt Ihrer Meinung nach dieser Situation zugrunde?
Empathie eröffnet die Möglichkeit, einer Sache oder einem Menschen zu dienen. Der Dienst am Gegenüber ist eines unserer wichtigsten menschlichen Bedürfnisse. Wem oder was dienen Sie?

Fragen sollen den Prozess vertiefen. Manchmal sind sie überhaupt nicht notwendig. Wir müssen darauf achten, keine Fragen zu stellen, die nur die eigene Neugier befriedigen. Diene dem Prozess, indem du eine Frage stellst und dann zur Seite trittst.

Aktives Zuhören

Auch wenn das Einfühlsame Zuhören insgesamt ein aktiver Prozess ist, kann es hilfreich sein, einige zusätzliche Techniken des aktiven Reagierens zu kennen und anzuwenden.

Fragen können Möglichkeiten eröffnen. Aber auch das aktive Zuhören ermutigt den Sprechenden und klärt das Verständnis durch eine Aussage anstatt durch eine Frage. Das aktive Zuhören ist eine Wiedergabe dessen, was man den Sprechenden hat sagen hören, und dient der Klärung und Ermutigung. Darüber hinaus kann aktives Zuhören angewendet werden, um ein Gefühl zu benennen, das der Zuhörende meint mitschwingen zu hören. Aktives Zuhören ist nicht gleichzusetzen mit Übereinstimmung.

Im Kontext des Einfühlsamen Zuhörens wird aktives Zuhören eingesetzt,
- wenn wir spüren, dass wir nicht vollständig verstehen, warum jemand auf eine bestimmte Art und Weise fühlt oder denkt und wir gerne mehr darüber erfahren würden, wie jemand seine Situation erlebt;
- um ein Gefühl zu benennen, das der Zuhörende aus einer Aussage herausgehört hat;
- wenn wir spüren, dass hinter dem Gesagten mehr steht, als die Sprechende zum Ausdruck bringt;
- um von Zeit zu Zeit wichtige Punkte zusammenzufassen und eine Grundlage für weitere Gespräche zu legen.

Der Ablauf des aktiven Zuhörens

Bildet Dreiergruppen, bestehend aus einem Sprecher, einer Zuhörerin, einem Beobachter.
- Der Sprecher spricht für vier Minuten über ein ihm wichtiges Thema.
- Die Zuhörerin wendet das aktive Zuhören an.
- Der Beobachter achtet auf die Zeit und teilt mit, wann die vier Minuten um sind.

Wertet die Übung in kleinen Gruppen etwa fünf Minuten lang aus, indem der Beobachter Fragen stellt:

An den Sprecher:
Wie ging es dir, während du erzählt hast?
Was hat die Zuhörerin getan, das dich ermutigte, mehr zu erzählen?
Hat die Zuhörin etwas getan, das dich vom weiteren Erzählen abgehalten hat?
Wie hast du dich am Ende des Gespräches gefühlt?

An die Zuhörerin:
Was machte es dir schwer oder leicht, zuzuhören?
Welche Techniken waren für dich am schwierigsten, welche am einfachsten anzuwenden?

Der Beobachter kann Rückmeldung darüber geben, wie wirkungsvoll die Zuhörerin die Techniken des aktiven Zuhörens angewendet hat. Wechselt die Rollen und wiederholt die Übung so lange, bis alle die Gelegenheit hatten, jede Rolle einzunehmen.

Fragen an die Gruppe:
Welchen Gewinn aus diesen Techniken erzielt der Sprecher bzw. die Zuhörerin?
Was sind mögliche Nachteile?

Das Wichtigste beim aktiven Zuhören ist, dass es authentisch sein muss und nicht bloß als Technik benutzt wird. Wir alle erinnern uns an Situationen, in denen bei uns solche Techniken angewandt wurden und wir uns manipuliert fühlten. So ist es mit all diesen Techniken und Fähigkeiten: Es ist gut, sie zu kennen, zu schätzen, einzuüben – und dann die Technik loszulassen und sich auf das eigene Urteil und die Intuition zu verlassen, um zu entscheiden, wie und wann wir sie anwenden.

Umgang mit Wut und Ärger

Wut ist eine Energie und dient uns als Hinweis dafür, dass etwas mit uns nicht stimmt. Wir können lernen, ihr zuzuhören, ohne jedoch aus der Wut heraus gegen uns oder andere zu handeln. Weil die Folgen unterdrückter Wut so destruktiv sein können, ist es wünschenswert, uns mit unserer Wut anzufreunden, sowohl ganz persönlich als auch im Sinne einer Wut- und Ärgerkultur. Erkennen wir Wut nicht als einen zu uns gehörigen Teil an, als ein Gefühl, das wir alle von Zeit zu Zeit spüren, wird sie sich immer wieder unkontrolliert Bahn brechen. Es ist die Verleugnung der Wut, die zu Gewalt führt. Sie ist ein mächtiger persönlicher und kollektiver Schatten. Wenn wir dieser Energie der Wut und des Ärgers auf den Grund gehen und sie als das erkennen, was sie ist, entdecken wir, dass sich hinter der Wut Angst verbirgt.

Wird die Wut also ausgelotet, tritt eine versteckte und mächtige Angst zutage. Anstatt gegen die Wut anzugehen, sollten wir unsere Aufmerksamkeit auf die verborgene

Angst richten. Sehen wir Wut als Form der Angst und als Ausdruck eines unerfüllten Bedürfnisses, können wir sie besser annehmen und unsere Projektionen erkennen, wenn wir sie bei uns selbst oder anderen erleben.

Gefühle erforschen

Die Verantwortung für Gefühle übernehmen:

- Schreibe die Gefühle auf, mit denen du dich wohlfühlst, und solche, mit denen du dich unwohl fühlst.
- Tauscht euch über körperliche Reaktionen aus, die die angenehmen und unangenehmen Gefühle begleiten.
- Sprecht darüber, wie in eurer Ursprungsfamilie mit Gefühlen umgegangen wurde.
- Was waren Ängste und Erwartungen in Bezug auf Gefühle?
- Welche gesellschaftlichen Erwartungen waren wichtig?
- Wie haben diese Faktoren dich beeinflusst?
- Kannst du eine Beziehung zwischen deinen unbeachteten Gefühlen und deinen Projektionen sehen?

5. Herausforderungen begegnen

Alle Menschen haben dieselben Bedürfnisse – nur die Bitten sind unterschiedlich.
– Marshall B. Rosenberg

Überall auf der Welt gibt es Menschen, die wir als schwierig ansehen. Oft bezeichnen wir Menschen als schwierig, weil sie andere Werte und Glaubensüberzeugungen vertreten. Und wenn sie für uns schwierig sind, ist es sehr wahrscheinlich, dass auch wir für sie schwierig sind. Wir stoßen auf Gruppen und Einzelpersonen innerhalb von Gruppen, die sich selbst als „schwierig" präsentieren, indem sie z.B. die Leitung herausfordern, ein provozierendes Benehmen zeigen oder sich, an unseren eigenen Maßstäben gemessen, respektlos verhalten. Und manchmal benutzen Menschen Wut als Strategie, um andere einzuschüchtern, die eigene Meinung durchzusetzen oder um eine Situation zu beherrschen.

Wir versuchen, zentriert zu bleiben und keine verurteilende Haltung einzunehmen, um die versteckten Botschaften verstehen zu können. Respektvolles Zuhören löst oft bestehende Spannungen.

Einmal waren wir in Israel zu Gast in einem sehr angesehenen pädagogischen Institut, wo wir vor mehr als 100 jüdischen Israelis den unsere Arbeit dokumentierenden Film *Children of Abraham – Die Kinder Abrahams* vorführten. Nach der Vorführung trat unsere aus 18 Amerikanerinnen bestehende Gruppe nach vorne, um Fragen zu beantworten und zuzuhören.Die ersten Kommentare wurden uns in Form von Schimpftiraden übermittelt. Uns wurde vorgehalten, wir als Amerikaner wüssten gar nichts über die wirkliche Situation. „Das Problem ist, dass ihr nicht von hier seid und die Situation nicht als Israelis erlebt", sagte eine der Zuschauerinnen. Andere stimmten dem zu und fügten ihre eigenen Erklärungen bei. 15 Minuten lang hagelte es kritische Kommentare.

Während ich dort vorne zwischen den anderen Mitgliedern unserer Delegation stand, spürte ich zunächst einen Knoten im Magen und dachte: „Wie gehen wir damit jetzt um?" Vor all den Menschen fühlte ich mich exponiert, und eine Welle von Scham stieg in mir auf, weil ich ihnen nicht gefallen hatte. Etwa nach dem zweiten Kommentar erinnerte ich mich an meine zentrierende Übung: Ich spürte, wie meine Füße fest auf der Erde verankert waren, und atmete tief in den Bauch. So konnte ich mit der Energie, die uns aus dem Publikum entgegengeschleudert wurde, umgehen.

Die Mitglieder unserer Gruppe antworteten würdevoll und gefasst, indem sie die Wahrnehmung von denen, die uns beschuldigten, respektierten und dennoch zu ihren eigenen Erfahrungen standen. Die Teilnehmenden unserer Delegation sprachen nur von dem, was sie persönlich auf dieser Reise gesehen und erfahren hatten. Sie waren wortgewandt, informativ und in keiner Weise defensiv.

Die Stimmung im Publikum begann sich zu beruhigen und die Zuschauer begannen, uns und unsere Erfahrungen anzuerkennen. Einige, die zunächst still geblieben waren, wiesen auf Ähnlichkeiten hin zwischen ihrer eigenen Wahrnehmung und dem, was sie im Film gesehen hatten. Sie bedankten sich bei uns dafür, dass wir einen Bereich des Lebens gezeigt hatten, den sie selbst so nicht miterleben konnten. Sie sprachen von der Ausgewogenheit des Filminhaltes und von der Schwierigkeit, die „andere Seite" zu sehen. Eine Frau stand mittendrin auf und sagte: „Wisst ihr, wir Israelis müssen zugeben, dass Zuhören in Israel ein sehr radikaler Ansatz ist, aber ich denke, diese Leute hier (unsere Delegation) haben da wirklich etwas entdeckt."

Dieser Abend wird mir unvergesslich bleiben. Ich hatte deutlich erfahren, wie sehr mir meine Zentrierungsübung dabei half, der Kritik gegenüber präsent zu bleiben und sie nicht persönlich zu nehmen, sondern aus ihr zu lernen. Und zweitens war ich beeindruckt von der Integrität, mit der die Mitglieder unserer Delegation reagiert hatten. Unsere Arbeit hatte ihr Leben sichtbar beeinflusst. An jenem Abend fand tatsächlich eine weitreichende Veränderung statt.

Unterschiedliche Herangehensweisen respektieren

Anstatt in einem Teufelskreis gefangen zu sein, können wir einen „Engelskreis" in Gang setzen – nicht indem wir unsere Augen vor der Feindseligkeit verschließen oder vor ihr kapitulieren, sondern indem wir standhaft bleiben, selbst wenn wir angegriffen werden, und indem wir erkennen, dass der wahre Gegner nicht eine andere Person oder Nation ist, sondern die Konditionierung, die uns zu der Überzeugung gebracht hat, dass wir Feinde sind. – Eknath Easwaran

Wenn wir Menschen im Konflikt zuhören oder in der Rolle der Vermittlerin mehr als eine Seite der Geschichte anhören, hat unsere individuelle Herangehensweise im Umgang mit Konflikten Einfluss auf unsere Offenheit für das, was wir hören. Auch hier achten wir darauf, neutral und in unserer Mitte verankert zu bleiben, unsere gewohnte Umgangsweise mit Konflikten zurückzustellen und die tief liegenden, unerfüllten Bedürfnisse beider Seiten zu hören.

Im Umgang mit Konflikten entwickeln unterschiedliche Menschen, entsprechend ihrer Persönlichkeit, ihren individuellen Erfahrungen und kulturellen Gewohnheiten, auch unterschiedliche Herangehensweisen. Auf Menschen, die jeweils andere Herangehensweisen bevorzugen, kann das bedrohlich wirken. Es ist hilfreich, sich dieser Unterschiedlichkeit bewusst zu sein und die Merkmale der eigenen Herangehensweise zu kennen. Keine Vorgehensweise ist besser als eine andere, genauso wie eine Persönlichkeit nicht besser als eine andere ist – sie sind einfach verschieden.

Thomas und Kilmann entwickelten eine viel beachtete Methode, um verschiedene Formen des Konfliktverhaltens zu bestimmen. Alle diese Formen sind unter bestimmten Bedingungen hilfreich. Ohne Bewusstheit und ohne klare Intention neigen Menschen jedoch besonders in Stresssituationen dazu, sich immer wieder auf das Verhalten zurückzuziehen, das ihnen am vertrautesten und deshalb am angenehmsten erscheint.

Die verschiedenen Herangehensweisen eignen sich für bestimmte Situationen und für andere wieder nicht. Erscheint der kollaborative Stil in vielen Situationen als das höchste Ideal zur Wahrung der Interessen aller Konfliktparteien, so ist er doch in einer brenzligen Situation, die sofortiges Handeln erfordert, nicht angemessen.

Diese verschiedenen Formen des Konfliktverhaltens werden im Folgenden beschrieben als:

- **konkurrierend:** bestimmend, machtorientiert, verfolgt eigene Interessen; Ideal: das Beste aus uns herausholen;
- **kompromissbereit:** eine zweckmäßige, beidseitig akzeptable Lösung finden, die beide Parteien teilweise zufriedenstellt; Ideal: beide Parteien zusammenbringen, eine Lösung finden wollen;
- **vermeidend:** verfolgt weder die eigenen Interessen noch die der anderen; Ideal: dem Thema ausweichen, um keine Probleme zu schaffen und die Beziehung zu erhalten;
- **anpassend:** nicht-bestimmend, das Gegenteil von konkurrierend, verneint eigene Interessen; Ideal: selbstlose Großzügigkeit, Freundlichkeit und Geben;
- **kollaborierend:** (Win-win-Lösung) Bestärkung aller Beteiligten, bestimmend und zugleich kooperativ, schließt den Versuch ein, mit der anderen Person gemeinsam eine Lösung zu erarbeiten, die die Interessen beider Parteien voll zufriedenstellt. Diese Form beinhaltet, dass dem Konflikt zugrunde liegende Bedürfnisse erkannt und Alternativen gefunden werden, um die Interessen beider Seiten zu erfüllen.

Kollaboration zweier Parteien in diesem Sinne kann stattfinden, indem eine Unstimmigkeit untersucht wird, um von den gegenseitigen Erkenntnissen zu lernen. Unter Bedingungen, unter denen die Parteien andernfalls um Ressourcen konkurriert hätten, wird abschließend eine Lösung gefunden. Oder sie können versuchen, in der Konfrontation eine kreative Lösung für ein zwischenmenschliches Problem zu finden. (Aus: Thomas & Kilmann, *Conflict Mode Instrument,* XICOM, 1979.)

Jeder von uns kann sich mit mindestens einer dieser Verhaltensformen identifizieren, auf die wir unter Stress zurückgreifen. Sogar wenn es keine offensichtlichen kulturellen Unterschiede gibt, haben unsere früheren Erfahrungen mit Konflikten dazu geführt, dass wir eine bestimmte Form vorziehen, die uns dienlicher war als die anderen.

Mit diesen Unterschiedlichkeiten vertraut zu sein hilft uns, eine Verhaltensweise als das zu sehen, was sie ist: eine Vorliebe oder Angewohnheit – und nicht notwendigerweise ein persönlicher Angriff. Es ist wirklich schwierig, angesichts einer aufgebrachten Person mit konkurrierendem, bestimmendem Konfliktverhalten bei sich zu bleiben und sich zu zentrieren, wenn man selbst in Konflikten dazu neigt, auszuweichen oder sich anzupassen. Umgekehrt ist das zurückhaltende Verhalten für jemanden, der seine Gefühle offen ausdrückt und Probleme direkt angeht, genauso schwierig.

Wir ermutigen dazu, beim Einfühlsamen Zuhören im Konfliktfall den kollaborativen Ansatz anzuwenden. Viele Menschen sind mit der Möglichkeit des Einfühlsamen Zuhörens nicht vertraut und befürchten deshalb, in diesem Prozess etwas zu verlieren. Will man den Fokus der Gefühle umlenken, weg von den beteiligten Personen und hin auf das Problem, dann bietet sich der kollaborative Ansatz an. So wird es möglich, einer Person zu begegnen, die ein für uns „schwieriges“ Konfliktverhalten an den Tag legt.
In ihrem Buch *Das Harvard-Konzept. Sachgerecht verhandeln – erfolgreich verhandeln* raten Ury und Fisher, gegen das Problem anzugehen und nicht gegen die Person. Den emotionalen Fokus auf das Problem anstatt auf die Person zu richten ist heilsam und ein Schritt auf dem Weg zur Transformation des Konfliktes. Wir sind dann sowohl Zuhörende als auch Anleiterinnen dieses Prozesses.

Sensibilität für kulturelle Unterschiede

Zu glauben, dass unser eigener Ansatz in allen Situationen funktionieren würde, ist anmaßend. Kulturelle und individuelle Unterschiede führen zu Unterschieden im Verhalten und in den Erwartungen. Es ist wichtig, sich mit dem Thema des Konfliktes und der Geschichte beider Seiten vertraut zu machen und darüber hinaus so viel wie möglich über die kulturellen Gebräuche aller Beteiligten zu erfahren. Ist das nicht möglich, sollten einige der folgenden Richtlinien beachtet werden. Angemessen ist z.B. sich anzunähern, indem wir die Beteiligten fragen, womit sie sich wohlfühlen und was sie uns gerne über ihre Gebräuche wissen lassen würden. Gibt es modellhafte Beispiele für solche Situationen?
John Paul Lederach hat einladende und vorschreibende Herangehensweisen verglichen: Selbst wenn wir wissen, dass eine Methode, wie z.B. das Einfühlsame Zuhören, gut funktioniert, dient es der Sache nicht, sie anderen aufzudrängen. Menschen einzubeziehen, sie um Input zu bitten und aktiv zu beteiligen ist der beste Weg, etwas zu lehren. Eine wirklich einladende Herangehensweise erfordert ein gründliches Studium, ohne das wir zu reinen Annahmen neigen und unsere blinden Flecken hervortreten können. Weiterbildung und der Austausch in der Gruppe sind hilfreich, wenn es darum geht, die Fallstricke kulturell bedingter Erwartungen zu entdecken.

Gefühle

Viele Menschen sind durch eine vorherrschende Kultur ausgegrenzt und marginalisiert worden und dadurch sehr wütend. Die Art, wie sie das zum Ausdruck bringen, kann das Zuhören erschweren. Das, was sie eigentlich mitteilen wollen, kommt vielleicht nicht an, wenn wir als Zuhörende angegriffen werden. In diesem Fall ist es sogar noch wichtiger, einfühlsam zu bleiben und die hinter der Wut verborgenen Bedürfnisse und Ängste zu sehen.

Die Gefühle der Angreifer anzuerkennen und ihnen das Recht auf ihre individuelle Wahrnehmung zuzugestehen ist ein sehr machtvolles Instrument. Durch aktives Zuhören und Verständnis für ihre Gefühle und ihre Frustration werden sie in den Prozess einbezogen. Wenn von wütenden Menschen erwartet wird, dass sie sich ruhig verhalten, schürt das nur ihren Ärger. Deswegen ist Zuhören die Grundlage, Zuhören, ohne sich zu verteidigen, Zuhören und für die Gefühle empfänglich bleiben, ohne sie zu übernehmen.

Leah Green beschreibt im Folgenden eine höchst emotionale Begegnung in Israel. (Die Namen wurden verändert.)

Wir wurden in ein Haus in einer israelischen Siedlung auf der West Bank eingeladen. Dort sprachen wir mit Naomi und ihrem Ehemann Abraham sowie mit unserer Freundin Rachel, die wir schon zwei Jahre zuvor getroffen hatten und die das Treffen in Abrahams Haus arrangiert hatte. Das Treffen endete mit einer schmerzhaften Begebenheit: Naomi kam in Kontakt mit ihrer riesigen Wut und ihrer Traurigkeit über den Verlust der jüdischen Kultur in diesem Konflikt, und sie begann zu schluchzen und zu klagen.

Für viele aus unserer Gruppe war das eine eindrucksvolle Begegnung. Als Rachel mit uns zurück zur Bushaltestelle ging, nahm ich die Gelegenheit wahr, mit ihr zu sprechen. Ich sagte, ich hätte ihren Kummer darüber gehört, dass es für sie und ihre Familie nicht länger möglich sei, wie in der Vergangenheit mit Palästinensern befreundet zu sein. Das Letzte, was Rachel zu mir sagte, als wir uns zum Abschied küssten und ich mich umdrehte, um in den Bus zu steigen, war, „Tamshichi Leah" (Mach weiter mit dieser Arbeit, Leah).

In unserer Gruppe gab es gemischte Reaktionen auf die starken Gefühle, die in Naomi frei wurden. Ihr Schluchzen schien kein Ende zu nehmen und sie war nicht in der Lage, weiterzusprechen. Da stieg in mir Traurigkeit auf, dass unsere Gegenwart ihr Anlass für so viel Schmerz gegeben hatte. Außerdem war ich in Sorge darüber, dass ihre starke Reaktion unseren noch unsicheren Kontakt zu israelischen Siedlern gefährden könnte. Als ich hörte, was Rachel zu Leah sagte, wurde mir klar, dass Naomi möglicherweise dankbar für die Gelegenheit war, ihren Gefühlen Ausdruck zu verleihen innerhalb einer Gruppe von Menschen, die offen dafür waren, ihren Schmerz zu hören. Naomi und Abraham hatten sich beide an der Tür für unser Kommen bedankt.

Traurigkeit und Schmerz sind Gefühle, die schwer auszuhalten sind und mit denen sich Menschen oft unwohl fühlen. Zu oft wollen wir eingreifen und damit Menschen von ihrer schmerzvollen Erfahrung abschneiden. Das geschieht häufig, indem Lösungsvorschläge angeboten werden. Manchmal wirkt es so, als würden Gefühlsaufwallungen kein Ende finden und als sei deswegen ein Eingreifen erforderlich. So etwas kann vorkommen, doch es ist ziemlich unwahrscheinlich. In ganz seltenen Fällen kann es angemessen sein, die betreffende Person zu berühren. Meinem Gefühl nach besteht der angemessene Kontakt meistens darin, näher zu rücken, sich im Stuhl nach vorne zu lehnen und dem Gegenüber die Freiheit und den Raum zu gewähren, sich auszudrücken. Eine Umarmung scheint zunächst eine nahe liegende Reaktion, aber sie schneidet Menschen oft von ihren Gefühlen ab. Was sie vor allem anderen brauchen, ist die Gewissheit, dass jemand da ist. Diesen Raum der Präsenz zu halten ist das Wirkungsvollste, was wir tun können. Es würdigt die Stärke und die Fähigkeit der Person, die Situation aus sich heraus zu bewältigen.

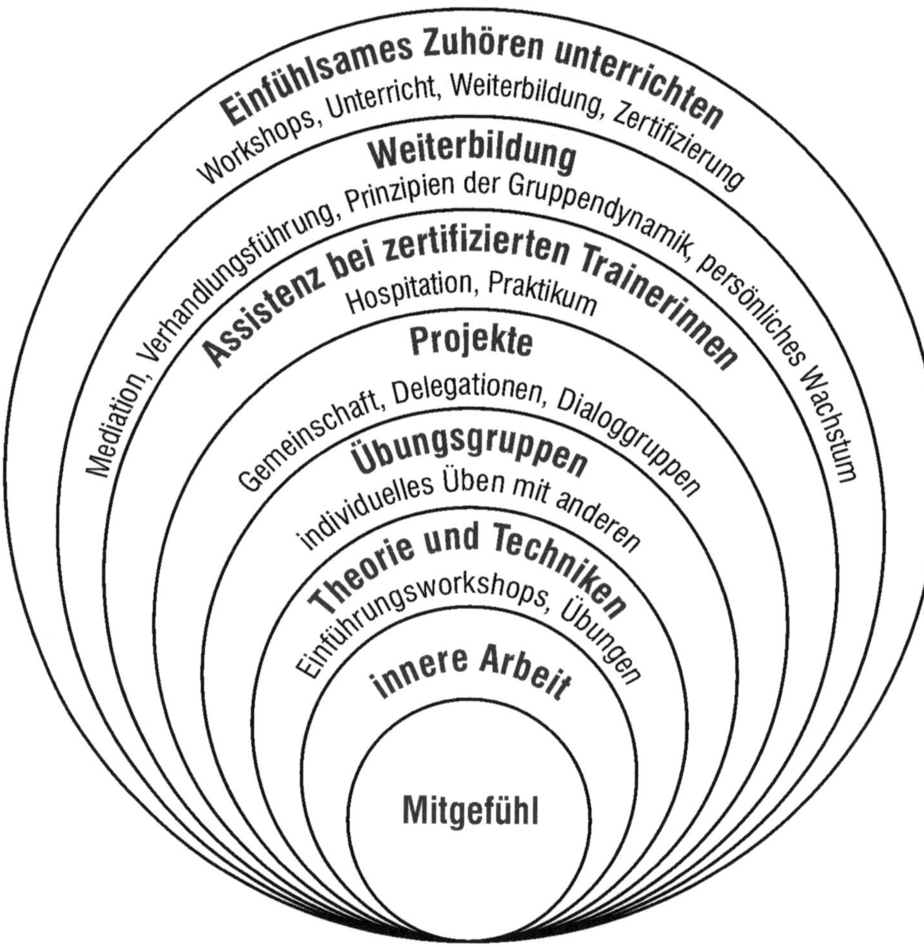

Einfühlsames Zuhören – Ebenen des Engagements

6. Die Anwendung

Zum *Compassionate Listening Project* gehört auch eine Art Fahrplan zur eigenen Vorbereitung, um sich auf einer von vielen Ebenen im Bereich des Einfühlsamen Zuhörens zu engagieren. Ein Teil unserer Arbeit besteht darin, Aus- und Weiterbildung anzubieten und Menschen zu ermutigen, sich zu beteiligen und selbst auf dem Gebiet des Einfühlsamen Zuhörens aktiv zu werden.

Ein Engagement ist auf vielen Ebenen möglich. Da sich unsere Arbeit stets weiterentwickelt, werden sich immer neue Ideen und Projekte entfalten.

Das Compassionate Listening Project bietet für Einzelne und Gruppen Anleitung an, um

- sicherzustellen, dass Menschen angemessen vorbereitet und trainiert werden;
- eine hohe Qualität der Trainings im Einfühlsamen Zuhören zu gewährleisten;
- verfügbare Ressourcen miteinander zu teilen;
- zu lehren und voneinander zu lernen.

Wir ermutigen Menschen, herauszufinden, wo genau im Einfühlsamen Zuhören ihre einzigartige Begabung liegen könnte. Einfühlsames Zuhören beginnt in jedem von uns als innerer Prozess.

Es gibt viele Möglichkeiten, sich in die Arbeit einzubringen. Nachfolgend sind einige der Schritte aufgeführt, die du unternehmen kannst, wenn du dich engagieren möchtest:

- Beginne, das Einfühlsame Zuhören in deinem täglichen Leben zu üben.
- Nimm an einem Einführungsseminar zum Einfühlsamen Zuhören teil.
- Initiiere in deinem Umfeld eine Übungsgruppe zum Einfühlsamen Zuhören.
- Organisiert gemeinsam ein Projekt in eurem Umfeld, wenn deine Gruppe sich dazu bereit fühlt.
- Starte ein Dialogprojekt in deiner Umgebung, das auf den Grundsätzen des Einfühlsamen Zuhörens basiert. Das kann eine türkisch-deutsche, eine jüdisch-deutsche, eine interreligiöse Gruppe sein; oder eine Gruppe, die sich mit aktuellen Konfliktthemen auseinandersetzt.
- Falls du daran interessiert bist, das Einfühlsame Zuhören anderen zu vermitteln, nimm an einer von zertifizierten Trainerinnen des Projektes durchgeführten Trainerausbildung teil.
- Assistiere bei zertifizierten Trainern, um Fähigkeiten im Leiten von Gruppen zu erwerben.

- Erwäge eine Mediationsausbildung, um deine Fähigkeiten in Verhandlungsführung und im Begleiten von Gruppenprozessen zu erweitern.
- Überlege, ein lokales oder regionales Team aufzubauen, in dem Mitglieder deiner Übungsgruppe Menschen aus eurem sozialen Umfeld, Gemeindemitgliedern oder Menschen in leitenden Positionen zuhören.

Feedback

Um ein starkes und tragfähiges Ausbildungssystem aufzubauen, lassen wir uns auf allen Ebenen Feedback geben, um dieses dann wieder in die Arbeit einfließen zu lassen. In den Übungsgruppen ermutigen sich die Teilnehmenden gegenseitig zur Weiterentwicklung. Vor einem neuen Projekt holen wir uns zunächst in der Gruppe Feedback darüber, was sich in der Vergangenheit als hilfreich erwiesen hat und welche Vorschläge die Gruppe für die Zukunft hat.

Wenn wir gemeinsam mit anderen Trainerinnen Gruppen anleiten, geben sie uns Feedback über unsere Stärken sowie über Bereiche, in denen wir uns noch verbessern können. Und auch die Trainerinnen erbitten ein solches Feedback von ihren Co-Trainern und von den Teilnehmenden. Es geht nicht um Kritik, sondern darum, konstruktive Rückmeldung und Unterstützung anzubieten. Auf diese Weise können wir ein professionelles und individuelles Ausbildungsprogramm auf allen Ebenen sicherstellen.

Übungsgruppen

Wenn du für dich selbst erste Grundlagen erarbeitet hast, besteht der nächste Schritt darin, einer Übungsgruppe beizutreten, in der du deine Fähigkeiten üben kannst und Feedback erhältst. Sehr wichtig für eine Übungsgruppe sind ein sicherer Rahmen, um mit anderen üben zu können, und der vertrauensvolle Umgang miteinander innerhalb dieses Kreises.

Eine Übungsgruppe braucht Menschen, die sich verbindlich auf den Prozess einlassen, sich gegenseitig auf blinde Flecken oder Schattenseiten aufmerksam machen und sich dabei unterstützen, diese Flecken durch Bewusstsein zu erhellen. Solch eine Gruppe wird das Übungsfeld sein, auf dem du deine Fähigkeiten schärfen und verfeinern kannst. Ihr alle werdet von dieser Art zu üben profitieren und eine gute Vorbereitung erhalten, wenn ihr später selbst Gruppen anleiten wollt.

Was ihr in einer Übungsgruppe macht, hängt von den unterschiedlichen Interessen und Fähigkeiten innerhalb jeder Gruppe ab. Ihr könnt eure persönliche Arbeit selbst vertiefen, Übungen aus dem Anhang dieses Buches (unter *Zusätzliche Übungen*) auswählen oder eigene Vorgehensweisen entwickeln. Übungsgruppen bieten auch Gelegenheit, Erfahrungen mit Gruppendynamik und im Begleiten von Gruppenprozessen zu sammeln.

Projekte

Vorbereitung

Wenn du dich durch persönliches Üben und die Arbeit in einer Gruppe vorbereitet und an einem Training im Einfühlsamen Zuhören teilgenommen hast, steht dir jetzt die Möglichkeit offen, an einem lokalen, fortlaufenden Projekt oder einer Delegation teilzunehmen. Delegationen bestehen aus mindestens drei Menschen, die bestimmte Gegenden bereisen, mit dem Ziel zuzuhören. In neuen Projekten oder Delegationen können Gruppendynamiken entstehen, die neben einem hohen Grad an Fähigkeit, einfühlsam zuzuhören, auch besondere Fähigkeiten im Anleiten von Gruppen erfordern. Projekte zwingen dich, Theorie und Konzepte zu überprüfen und zu lernen, indem du die Feuerprobe der Praxis durchlebst.

Der Erfolg eines Projektes hängt sehr stark von einer sorgfältigen Planung ab (eine detaillierte Anleitung findet sich unter *Projektberichte*). Wie du Projekte organisierst und was dort geschieht, hängt von einigen der folgenden Faktoren ab:

- Eskalationsgrad des Konfliktes
- Anzahl der Teilnehmenden
- Anzahl der möglichen Treffen
- Vorerfahrung der Teilnehmenden
- Vertrautheit der Teilnehmenden untereinander
- Beschaffenheit der Umgebung (Vertrautheit der Räume, Atmosphäre etc.)

Grundlagen für die Leitung von Gruppen

Der erste Schritt besteht darin, ein Umfeld zu schaffen, in dem sich jede Person respektiert, angenommen und zur Teilnahme ermutigt fühlt. Wenn wir Menschen im Konflikt begleiten, schaffen wir diese sichere Umgebung, indem wir unser Herz in Mitgefühl für den Prozess öffnen. Den Menschen wird so vermittelt, dass sie nicht damit rechnen müssen, angegriffen zu werden, und deshalb keine defensive Haltung einnehmen müssen. Wir bauen Vertrauen auf, damit zum Ausdruck gelangen kann, was uns im Innersten beunruhigt und Heilung braucht.

Die äußere Umgebung schafft die Vorraussetzungen für diese heilige Arbeit. Ein ruhiger Ort, der vor Unterbrechungen schützt, würdigt die Tiefe dessen, was im Prozess entsteht. Wir stellen die Stühle im Kreis auf, um auch im Außen das Bild eines Sicherheit gebenden Rahmens zu verstärken. Alles, was Menschen im Prozess mitteilen, machen sie diesem heiligen Kreis zum Geschenk. Eine freundliche und schöne Umgebung verstärkt die Qualitäten von Sicherheit und Vertrauen.

Einen sicheren Rahmen gestalten

Die Teilnehmenden und die Gruppenleitung stellen sich selbst vor und lassen mit einfließen, wie sie mit dem geplanten Vorhaben in Verbindung gekommen sind: ihren persönlichen Hintergrund und das Interesse, das sie mit dem Thema verbindet. Niemand muss als Gruppenleitung einen Doktortitel oder jahrelanges Training vorweisen. Wer authentisch ist und aufrichtiges Interesse zeigt, wird auch von den Teilnehmenden in seiner Leitungsposition respektiert.

Würdige als Gruppenleiter die Menschen für ihre freiwillige Teilnahme. Lass dir bestätigen, dass sie gekommen sind, um an bestehenden Problemen zu arbeiten, und dass sie zu mehr Verständnis und besseren Beziehungen beitragen wollen. Verdeutliche, dass die erzielten Ergebnisse einem größeren Ganzen dienen werden.

Achte auf Ambivalenzen und Widersprüche bei Einzelnen und innerhalb der Gruppe. Wir möchten nicht anderen unsere Sichtweise überstülpen, und deshalb ermutigen wir jede Gruppe, sich selbst zu formen und zu definieren. Diese Offenheit ist am besten zu vermitteln, indem wir z.B. danach fragen, wie ethnische Gruppierungen bezeichnet werden wollen. Erforsche gemeinsam mit der Gruppe, welche ethnischen, religiösen und sozialen Gegensätze auftauchen könnten und was für ein Umgang damit gewünscht wird. Benenne bei jedem Treffen den Anlass für die aktuelle Zusammenkunft und würdige alle, die zu ihrem Zustandekommen beigetragen haben. Benenne den Zweck und die Ziele des Treffens.

Gib Auskunft über das geplante Vorgehen, die Zuständigkeiten und Aufgabenbereiche. Die Gruppenleitung ist verantwortlich dafür, einen sicheren Rahmen herzustellen, den Prozess anzuregen und zu strukturieren und Kommunikation zu ermöglichen.

Die Teilnehmenden haben die Aufgabe, ihre Gedanken und Gefühlen so offen und ehrlich mitzuteilen, wie es ihnen möglich ist. Es braucht die Bereitschaft aller, sich aktiv am Prozess zu beteiligen. Das Problem zu definieren und zu verstehen ist der erste Schritt. Eine Lösung für dieses Problem zu finden kann ein mögliches Endergebnis sein, ist es aber nicht notwendigerweise.

Die Gruppe erarbeitet selbst die Regeln, nach denen ein Treffen ablaufen soll. Jeder muss sich an dieser Übereinkunft beteiligen und am Ende mit den Grundregeln einverstanden sein. Dadurch geben sie der Gruppenleitung die Erlaubnis, auf die Einhaltung dieser Regeln zu achten. Schreib die Vereinbarungen auf ein großes Blatt Papier, das als Erinnerung für jeden sichtbar an der Wand befestigt wird.

Die Vereinbarungen sollten Respekt, Vertraulichkeit und den Umgang mit zeitlichen Verabredungen einschließen. Eine Liste könnte wie folgt aussehen:

- Behandle alle mit Respekt. Konkret heißt das: keine Unterbrechungen, keine Beleidigungen, keine körperliche Gewalt oder Drohungen.
- Beziehe alle mit ein.
- Äußere Unmut und Kritik immer in der Gesamtgruppe.
- Verpflichte dich, im Prozess dabeizubleiben, bis er abgeschlossen ist.
- Sei präsent und aufmerksam.
- Respektiere Vertraulichkeit (dies bedeutet für gewöhnlich, dass keine Namen genannt werden, wenn ich mit anderen über das Treffen rede; dass eine Erlaubnis eingeholt werden muss, wenn etwas auf Band aufgenommen werden soll; dass ohne Erlaubnis keine Namen in den Medien genannt werden und über den Umgang mit der Presse Übereinstimmung hergestellt wird).
- Festlegen der Redezeit (eine Möglichkeit, um zu verhindern, dass jemand die Gruppe durch sein Redeverhalten sehr dominiert. Eine Festlegung der Zeit durch die Gruppe verteilt die Verantwortung auf alle, anstatt sie nur der Leitung aufzuerlegen. Die Gruppe kann jemanden festlegen, der auf die Zeit achtet.).

Es kann sein, dass es sehr unterschiedliche Vorstellungen in der Gruppe gibt. Bring zur Sprache, wie in der Gruppe mit starken Gefühlen umgegangen werden soll. Wenn z.B. in einer Gruppe heftige Wut zum Ausdruck kommt, eskalieren die Gefühle häufig. Wenn die Gruppenmitglieder an der Erarbeitung von Vereinbarungen und Regeln beteiligt waren, ist die Wahrscheinlichkeit viel größer, dass sie sich auch daran halten. Offener und ehrlicher Ausdruck dessen, was gerade ist, ist dann in Ordnung, wenn es nicht anklagend, vorwurfsvoll, sarkastisch oder boshaft vorgebracht wird. (S. auch unter *Umgang mit Wut in Zusätzlichen Übungen* im Anhang.)

Die Vorstellungsrunde

Die Vorstellungsrunde gibt den Teilnehmenden erstmals die Möglichkeit, den geschützten Raum, den die Gruppenleitung vorbereitet hat, zu erproben. Sie setzt Akzente für alle folgenden Gespräche und gibt den Teilnehmenden Gelegenheit, etwas für sie Wesentliches mit den anderen zu teilen. Alle werden gesehen und gehört und erleben sich als Teil der Gruppe. Durch die Vorstellungsrunde werden alle Anwesenden in den Prozess integriert. Die Vorstellungsrunde kann sitzend, vom Platz aus erfolgen. Manchmal ist es aber auch hilfreich, die Vorstellung mit körperlicher Bewegung zu verknüpfen. Jeder sollte die gleiche Zeitspanne zu Verfügung haben, um sich vorzustellen, sodass niemandem mehr Wichtigkeit beigemessen wird als anderen.

Ein Gespür für das Energiefeld entwickeln

Wenn wir Gruppen anleiten, ist es von zentraler Wichtigkeit, ein Bewusstsein für das Energiefeld der Gruppe zu entwickeln. Den körperlichen Bedürfnissen der Teilnehmenden sollte entsprochen werden, indem lange Gesprächsperioden mit Bewegung oder einer kurzen Pause ausgeglichen werden. Oft ist den Menschen ihr eigener Energiemangel oder ihre Unruhe selbst nicht bewusst, sodass die Leitung hier achtsam sein muss. Ist die Gruppe sehr groß, können sich nach der Vorstellungsrunde kleine Gruppen mit jeweils einer Anleiterin bilden. Die Ergebnisse aus den Kleingruppen können wieder in den Arbeitsprozess der Gesamtgruppe einfließen.

Wenn die Teilnehmenden ihre Unruhe zum Ausdruck bringen, indem sie andere unterbrechen oder starke Gefühle äußern, kann die Anleiterin zu einem Moment der Stille einladen, um an die Intention der Gruppe zu erinnern. Jeder sollte die Möglichkeit haben, einen solchen Moment der Stille anzukündigen, um etwas Wichtiges zu würdigen, das im Prozess aufgetaucht ist, um einen Schwerpunkt zu setzen, ein intensives Gefühl anzuerkennen oder einfach um eine Auszeit zu bitten. Stille kann genauso wichtig sein wie Gespräch.

Kooperation fördern

Spezielle Übungen und Aufgaben, die den Teamgeist fördern – das kann auch ein gemeinsam gelöstes Problem oder ein anderes gemeinsames Erlebnis sein –, tragen zum Verbundenheitsgefühl einer Gruppe bei. Sie unterstützen zudem das gegenseitige Vertrauen und ein Vertrauen in den Prozess des Einfühlsamen Zuhörens. Allein der Spaßfaktor kann schon für den Zusammenhalt einer Gruppe förderlich sein. Setze solche Übungen aber mit Bedacht ein, denn manchmal sind sie für eine Gruppe nicht notwendig oder auch nicht angemessen.

Training

Wenn du an den Punkt kommst, dass du den Wunsch spürst, das Einfühlsame Zuhören an andere in Seminaren weiterzugeben, raten wir dir, dich nicht zu schnell in die Rolle des Lehrers zu stürzen: Alle, die unterrichten, waren mindestens fünf Jahre in verschiedenen Projekten aktiv, bevor sie sich bereit fühlten, andere anzuleiten. Menschen, die gerne Trainerin werden möchten, müssen an einer Trainerausbildung teilnehmen und abschließend unter Beweis stellen, dass sie die erforderlichen Standards erfüllen können, um anderen das Einfühlsame Zuhören zu vermitteln.

Assistenz bei ausgebildeten Trainerinnen

Eine weitere Stufe der Vorbereitung ist die Assistenz bei Trainerinnen, die Einführungsseminare und Trainingseinheiten für Fortgeschrittene durchführen. Eine erfahrene Trainerin in der Arbeit zu begleiten ist eine hervorragende Vorbereitung, insbesondere dann, wenn es weitere Trainerinnen gibt, die innerhalb des Seminars auch mit kleineren Gruppen arbeiten. Diese Trainerinnen stehen dann für Fragen, Rollenspiele, Coaching und die Unterstützung kleinerer Gruppen innerhalb des größeren

Trainingszusammenhanges zur Verfügung. Die Assistenz bei einer erfahrenen Trainerin gilt als Praktikum und wird als grundlegende Vorbereitung auf die eigene Rolle als Anleiter und Trainer angesehen

Weiterbildung

Egal auf welcher Stufe des Prozesses wir uns engagieren: Weiterbildung und innere Entwicklung sind immer wichtig. Wenn du dich zum Trainer ausbilden lassen willst, empfehlen wir dir, deine Gruppenleitungskompetenzen zu schulen. Auch Hintergrundwissen in Mediation und Konfliktbewältigungsstrategien ist sehr hilfreich, wenn es z.B. zu Konflikten innerhalb einer Gruppe kommt. Auf dieser Ebene ist ein hohes Maß an Professionalität erforderlich, das durch ständige Weiterbildung, persönliches Wachstum und Übung erreicht werden kann.

Teil III
Projektberichte

Bezweifle nie, dass eine kleine Gruppe bedachter und engagierter Menschen die Welt verändern kann; tatsächlich hat nichts anderes jemals funktioniert. – Margaret Mead

Was unsere Erfahrungen verbindet, ist ein Gefühl der Demut, das aufkommt, wenn du dich als Teil einer Welt erlebst, in der du nicht von geringerer oder größerer Wichtigkeit bist als irgendein anderer Teil. Es ist wichtig, diese Erinnerung immer wieder zuzulassen. – Jeff Parker

Projekte

Projekte unterscheiden sich nach folgenden Gesichtspunkten:

- Anzahl der Teilnehmenden
- örtliche Gegebenheiten und Logistik
- finanzielle Voraussetzungen
- Intensität/Eskalationsstufe des Konfliktes
- Zeit
- Zweck/Zielsetzung

Alle in diesem Buch beschriebenen Projekte zum Einfühlsamen Zuhören hatten die Zielsetzung, Menschen in einer direkten Begegnung zusammenzubringen. In einigen Fällen wurden Vereinbarungen geschlossen, in anderen war es das Ziel, die Anliegen und Bedürfnisse der anderen Seite zu hören.

Projekte, die Menschen im Konflikt die Begegnung von Angesicht zu Angesicht ermöglichen, sollten mehr Verbreitung erfahren. Unser Projekt hat auf vielfältige Art und Weise Menschen zusammengebracht. In Israel haben Einheimische die amerikanischen und kanadischen Delegationen manchmal begleitet, um Interviews zu geben oder einen Familienaufenthalt anzubieten. Videoaufzeichnungen wurden eingesetzt, um den Menschen die Gesichter ihrer „Feinde" zu zeigen. Wir haben auch vor Ort Trainings im Einfühlsamen Zuhören durchgeführt, an denen Israelis und Palästinenserinnen gemeinsam teilgenommen haben. Menschen zusammenzubringen, die sich in einem lang anhaltenden Konflikt miteinander befinden, ist eine heikle Angelegenheit und muss sehr sorgfältig vorbereitet und durchdacht werden.

Das Alaska-Projekt zeigt, wie eine erweiterte Gegenüberstellung verschiedener Positionen funktionieren kann, indem das Anliegen einer Gruppe der anderen anhand von Zitaten und gefilmten Interviews vorgestellt wird, denn die Betroffenen sind durch große räumliche Distanzen voneinander getrennt. Der nächste Schritt wird sein, die Menschen in einer persönlichen Begegnung zusammenzubringen.

Gene Knudsen Hoffman wendet als ersten Schritt eine strukturierte, tiefe Form des Dialoges an, der Konfliktparteien in kleinen Gruppen zusammenführen kann.

Die Gruppe *Rural Southern Voices for Peace*[8] (kurz: RSVP) führt persönliche Interviews durch, indem Mitglieder von Tür zu Tür gehen und die Bewohner zu ihrer Sicht der Dinge befragen. Oft ist dies der erste Schritt, um eine Dialoggruppe ins Leben zu rufen, die das Ziel verfolgt, zerstrittene Menschen in Kontakt zu bringen. RSVP arbeitet sowohl international wie auch innerhalb der Vereinigten Staaten.

Dialoggruppen innerhalb einer Gemeinde haben gute Möglichkeiten, miteinander in Verbindung zu treten. Häufig treffen sie sich regelmäßig, um das Gespräch zu vertie-

8 Bedeutet in etwa: Stimme der ländlichen Südstaatengebiete für den Frieden.

fen und sich über ein Thema auszutauschen. So entstehen interaktive Projekte wie die israelisch-palästinensische Wohnzimmerdialog-Gruppe.

Übungsgruppen treffen sich, um zu lernen und ihre Fähigkeiten zu erproben. Aus dieser Übungsgruppe entstand ein auf dem Zuhören basierendes Beratungsprogramm. In einer solchen heilenden Umgebung kann Menschen wertungsfrei zugehört werden – eine neue Herangehensweise im Bereich Konfliktprävention und -lösung.

7. Das Compassionate Listening Project[9]

(von Leah Green)

Frieden ist kein Preis, der durch Verhandlungen gewonnen wird. Frieden bedeutet, die Menschlichkeit des anderen zu sehen und zu hören. Frieden bedeutet nicht, voreingenommen in Verhandlung zu treten, sondern vielmehr, die vollkommene Menschlichkeit des Gegenübers zu erkennen. – Kantor Robert Scherr, Teilnehmer einer *Compassionate Listening* Delegation

Ich muss Hoffnung haben. Nur so kann ich leben. – Hisham Sharabati, palästinensischer Journalist

Projektbeschreibung[10]

1991 in Israel/Palästina: Die erste Intifada wütet. Eine Gruppe Amerikaner geht ruhig durch die gewundenen Gassen des al-Fawwar-Flüchtlingslagers in der Nähe von Hebron. Wir können israelische Soldaten hören, die auf der anderen Seite des Lagers entlanglaufen. Hinter einer Ecke treffen wir auf eine palästinensische Frau mittleren Alters, die im Steinschutt herumwühlt. Unser Gastgeber erklärt ihr, dass wir gekommen sind, um den Menschen aus Israel und Palästina zuzuhören – um die Situation aus nächster Nähe zu sehen und ihre Geschichten kennenzulernen.

Durch die Übersetzung unseres Gastgebers erfahren wir, dass der Schutthaufen vor uns bis vor kurzem das Haus unserer Gesprächspartnerin gewesen ist. Sie weint vor Wut, als sie uns erzählt, dass ihr jüngster Sohn vom israelischen Militär erschossen wurde und ein Militärgericht ihren ältesten Sohn gerade zu lebenslanger Haft verurteilt hat. Nach der Urteilsverkündung wurde ihr Haus abgerissen. Ihr und ihren beiden Töchtern blieb nur ein behelfsmäßiger Schuppen, in dem vorher die Tiere untergebracht gewesen waren. Die Frau beginnt zu klagen: „Warum hasst ihr Amerikaner uns? Was haben wir euch getan? Wir haben alles verloren. Wir kämpfen nur ums Überleben ..." Vor Schock erstarrt, hören wir, wie sie weiter ihrer Wut und Trauer Ausdruck verleiht.

Dann, ziemlich unerwartet, zieht sie ein Taschentuch aus ihrer Schürze, wischt ihre Augen trocken und lädt uns in ihre Behausung zum Teetrinken ein. Wir sitzen mit ihr auf dem

---

9 Übersetzt: Das Projekt Einfühlsam Zuhören. Da es sich um den Eigennamen des US-amerikanischen Projektes handelt, wird der Name hier in Englisch wiedergegeben.

10 Ausschnitt aus: *Just Listen,* einem Artikel von Leah Green, veröffentlicht im *YES!*-Magazin, November 2001.

Lehmfußboden, trinken verdünnten, gesüßten Tee und beginnen, einander zuzuhören. Den Teilnehmerinnen unserer Delegation wird erstmalig bewusst, dass viele Palästinenser überzeugt sind, dass die Vereinigten Staaten Krieg gegen sie führen.

Das *Compassionate Listening Project* ist eine gemeinnützige Organisation. Wir vermitteln wirkungsvolle Fähigkeiten, um im alltäglichen Umgang mit unseren Familien, Mitarbeiterinnen und in unserem sozialen Umfeld zur Verbreitung des Friedens beizutragen. Wir zeigen, wie man auch im Konfliktfall mit anderen in einer tiefen Verbindung bleiben kann.

Unser Angebot sieht folgendermaßen aus:
- Workshops zum Einfühlsamen Zuhören, mit einem zusätzlichen Ausbildungsgang für zertifizierte Trainerinnen,
- Trainingsdelegationen in Konflikt- und Krisengebiete,
- jüdisch-deutsche Versöhnungsarbeit,
- jährliche Sommertreffen,
- Trainingsmaterialien, wie z.B. Videos.

Auch wenn wir jetzt hauptsächlich Workshops in den USA und in Deutschland durchführen, hat sich unser Lehrplan ursprünglich aus unseren langjährigen Erfahrungen mit Trainingsdelegationen in Israel und Palästina entwickelt. Diese Delegationen bieten wir immer noch mindestens einmal im Jahr an. Allein in den Jahren 1990-2005 begleiteten wir über 400 US-Bürgerinnen nach Israel und Palästina, wo sie den Sorgen, der Trauer, der Hoffnung und den Träumen von Menschen aller im Konflikt vertretenen Seiten zuhören konnten. Es gelang uns, über politische, soziale und religiöse Grenzen hinweg vertrauensvolle Beziehungen aufzubauen und Israelis und Palästinenserinnen in Workshops und Veranstaltungen zum Einfühlsamen Zuhören zusammenzubringen. In solchen Workshops wird den Teilnehmenden immer ein wirksames Modell zur Lösung von Konflikten vermittelt und konkrete Herangehensweisen werden trainiert.

In der Regel beginnen unsere Delegationen in Jerusalem mit einem intensiven Training im Einfühlsamen Zuhören. Dann setzen wir die dort erworbenen Fähigkeiten in die Praxis um, indem wir Israelis und Palästinenserinnen aus unterschiedlichen gesellschaftlichen Bereichen zuhören. Dazu gehören u.a. religiöse und politische Führer, aber auch gewöhnliche Bürgerinnen, Friedensaktivisten oder Extremistinnen. In unserem Leitungsteam befinden sich wichtige Persönlichkeiten (Israelis wie Palästinenserinnen) aus der Friedensarbeit, die sich aktiv an den Delegationen beteiligen. Indem wir täglich im Konfliktfeld selbst üben und das Gelernte in Gruppensitzungen vertiefen, gelangen die Delegationsteilnehmerinnen zu einem grundlegenden Verständnis darüber, wie sie das Einfühlsame Zuhören als Mittel zur Versöhnung im täglichen Leben einsetzen können.

Es gibt viele couragierte Israelis und Palästinenserinnen, von denen wir viel lernen können und die ihrerseits von der Unterstützung durch die internationale Gemeinschaft profitieren. Einen Teil unserer Zeit verwenden wir darauf, diese in der Friedensarbeit engagierten Menschen zu unterstützen und von ihnen zu lernen.

Unsere Delegationen wirken sich positiv darauf aus, dass ein günstiges Klima für die Friedensarbeit entstehen kann. Die Teilnehmer stammen aus den unterschiedlichsten Lebenszusammenhängen und jede Reise wird von einer im Einfühlsamen Zuhören erfahrenen Trainerin und Gruppenleiterin begleitet. Während der zweiwöchigen Reise treffen sich die Teilnehmenden häufig, um ihre Erfahrungen zu reflektieren und zu verarbeiten. Das fördert einen produktiven Gruppenprozess unter diesen sehr herausfordernden und spannungsreichen Bedingungen, unter denen die Delegationen stattfinden.

Nach ihrer Rückkehr spielen die Teilnehmerinnen unserer Delegationen eine wichtige Rolle bei weiteren Friedensbemühungen, indem sie in ihrem Umfeld über das Erlebte berichten und andere Menschen dazu einladen, führende Persönlichkeiten der israelisch-palästinensischen Friedensbewegung zu unterstützen. Ehemalige haben sehr erfolgreiche Projekte für interkulturelles und interreligiöses Verständnis im Nahen Osten initiiert. Auch in den USA sind ihre Initiative und Bemühungen in Nordamerika von entscheidender Bedeutung, da der Nahost-Konflikt immer wieder zu Spaltungen bei religiösen und politischen Gruppen an Schulen und Universitäten und in der Friedensbewegung führt.

Wir haben zwei Videofilme produziert, in denen unsere Arbeit beschrieben wird. Die 33-minütige Dokumentation *Children of Abraham (Kinder Abrahams)* wird oft von Delegationsteilnehmerinnen genutzt, um in ihrer Gemeinde einen Erfahrungsbericht über die Delegation einzuleiten. Der Film, der eine Einführung in das Modell des Einfühlsamen Zuhörens gibt, lässt Israelis und Palästinenserinnen mit unterschiedlichsten Positionen zu Wort kommen und gibt diesen Positionen ein Gesicht. Somit eignet er sich wunderbar, um einen Dialog zu eröffnen. Ein weiterer 90-minütiger Videofilm, *Crossing the lines (Die Grenzen überqueren),* lässt Israelis und Palästinenserinnen auf noch tieferer Ebene über den Konflikt sprechen. Beide Videos werden weltweit in religiösen Einrichtungen, Universitäten, auf Konferenzen und Filmfestivals gezeigt. (Beide Filme können direkt über die Website des *Compassionate Listening Project* bestellt werden.)

Unser Konzept besteht darin, Gesprächstermine mit Vertretern von allen am Konflikt beteiligten Parteien zu arrangieren. Nach bislang 20 Delegationen haben wir enge Kontakte zu allen gesellschaftlichen Gruppen knüpfen können. Einige unserer israelischen und palästinensischen Kollegen arbeiten vor Ort als Koordinatoren und helfen uns bei der Planung des genauen Ablaufs. Doch es gibt auch spontane Begegnungen: Durch Gastaufenthalte in Familien ergeben sich z.B. nicht nur Kontakte mit Familienmitgliedern, sondern häufig auch mit Nachbarinnen und Persönlichkeiten des öffentlichen Lebens, denen dann ebenfalls zugehört werden kann.

Wir treffen uns mit Menschen in ihren Häusern, Büros, Gemeindezentren oder auch in unserem Hotel, stellen unsere Organisation vor und beschreiben unsere Zielsetzung. Dann fragen wir, in welcher Hinsicht der Konflikt die jeweils Sprechenden persönlich betrifft und wie sie sich ihre Zukunft vorstellen. Falls eine Sprecherin Schwierigkeiten hat, von sich selbst zu erzählen, stellen wir offene Fragen, die die Aufmerksamkeit stärker auf die persönliche Betroffenheit lenken. Ein solcher Gesprächsprozess erfordert immer viel Sensibilität.

Viele Menschen in Israel und Palästina haben großes persönliches Leid erfahren, sodass es für den Sprecher oft schwer ist, vor einer Gruppe von Fremden über diese Ereignisse zu reden. Im Einzelfall kann Sprechen über erlebtes Leid sogar eine retraumatisierende Wirkung haben. Die Erwartungen der Zuhörenden müssen realistisch sein und sie müssen aufpassen, nicht in Bereiche vorzudringen, die eine persönliche Grenze des Sprechers überschreiten. Manchmal reichen achtsam arrangierte Rahmenbedingungen, um beim Sprecher einen tiefen heilenden Prozess in Gang zu bringen. (Zur Beachtung kultureller Unterschiede s. Überlegungen in Kapitel 5.)

Das *Compassionate Listening Project* wird von Israelis und Palästinensern respektiert, weil wir in der Absicht kommen, zuzuhören, und nicht, um Ratschläge zu geben. Andere internationale Delegationen bieten diesbezüglich oft Anlass zu Beschwerden. Allen Beteiligten ist klar, dass wir uns mit Menschen treffen, die ganz unterschiedliche Positionen vertreten. Die, denen wir zuhören, schätzen, dass wir uns dazu verpflichten, alle Sichtweisen nachzuvollziehen. Daraus entsteht großes Vertrauen und manchmal ergibt sich die Gelegenheit, einer Seite etwas von der Menschlichkeit ihres Gegners zu vermitteln. Wenn Sprecherinnen der einen Seite z.B. einen Blick auf unseren Reiseplan werfen, fragen sie vielleicht, was genau wir von der Gegenseite gehört haben. So können wir eine Vermittlerrolle einnehmen und sind manchmal dazu in der Lage, dem Gegner wieder ein menschliches Gesicht zu geben.

Ein weiterer wichtiger Aspekt unserer Arbeit besteht darin, Menschen beider Seiten in öffentlichen Veranstaltungen zusammenzubringen, zu denen Institutionen einladen, die von allen Beteiligten respektiert werden. So bereiten wir den schützenden Rahmen, in dem Menschen mit unterschiedlichsten Positionen zusammenkommen, um miteinander zu sprechen und einander zuzuhören.

Wir bieten auch Seminare zum Einfühlsamen Zuhören für Israelis und Palästinenser an und planen eine Trainerausbildung. Dadurch können wir – was uns besonders freut – Menschen, die bereits in Gesprächsgruppen zur Koexistenz oder in vergleichbaren Projekten engagiert sind, konkret unterstützen. In vielen Gruppen gibt es Probleme damit, verfestigte Positionen zu verlassen und ins Gespräch zu kommen. In den meisten Fällen neigen Menschen dazu, mehr zu sprechen als zuzuhören, und aus einer Diskussion wird schnell ein Streit. Ohne gezielte Anleitung kommt es vor, dass beide Seiten zuerst die Anerkennung des eigenen Leids fordern und der Dialog zum Wettbewerb darüber wird, wer am meisten gelitten hat.

2002 weitete das *Compassionate Listening Project* seine Delegationen auf Syrien und den Libanon aus und rief das Projekt für jüdisch-deutsche Versöhnung ins Leben (s. dazu Kapitel 14).

Wir laden dich ein, unsere Website zu besuchen, um mehr über unsere Arbeit zu erfahren und dich über aktuelle Termine für Delegationsreisen und Workshops zu informieren. Außerdem findest du dort Artikel, unsere Rundbriefe und Fotos von aktuellen Projekten. Auch die Videofilme können über die Webseite bestellt werden.

Wir würden uns freuen, eine Einführung oder ein Seminar im Einfühlsamen Zuhören an einer Universität, in deiner Gemeinde, Institution oder in sonstigen Gruppen durchzuführen.

Kontakt:

The Compassionate Listening Project
P.O. Box 17
Indianola, WA 98342
USA
Tel.: 001-360-297-2280
office@compassionatelistening.org
www.compassionatelistening.org

Der Frieden beginnt hinter der nächsten Ecke

(von Marion Pargaman)

Ich möchte euch gerne von etwas Außergewöhnlichem erzählen, das mir während eines von Tovana – der israelischen Vipassana-Meditationsgruppe – organisierten Friedensmarsches passiert ist.

Es ist mir wichtig, andere Menschen an dieser sehr persönlichen Erfahrung teilhaben zu lassen. Der in der ersten Aprilwoche stattfindende Marsch berief sich auf Traditionen, die bereits Menschen wie Mahatma Gandhi und Martin Luther King inspiriert hatten, und sollte Palästinenserinnen und Israelis die Möglichkeit geben, gemeinsam ein Stück Wegs zu gehen und diese Gelegenheit für Dialog und Selbstreflektion zu nutzen. Mein Erlebnis am letzten Tag des Marsches stand ganz im Geiste der Friedfertigkeit und Gemeinsamkeit, die wir vor einem Hintergrund von Gewalt und Wahnsinn gemeinsam kreiert hatten.

In Stille und Achtsamkeit gingen die Teilnehmerinnen acht Tage lang zusammen von Tel Aviv-Yaffo nach Jerusalem, durchquerten jüdische und arabische Orte und Siedlungen und bezeugten damit ihr Bekenntnis zur Gewaltfreiheit und zum gegenseitigen Zuhören.

Ich nahm für mehrere Tage am Marsch teil, zusammen mit einer Gruppe von Palästinensern und Israelis, die Meditation und Achtsamkeit in der Tradition des bekannten vietnamesischen, buddhistischen Zenmönches Thich Nhat Hanh praktizieren.

Der letzte Tag des Marsches war Montag, der 8. April, Vorabend des für Juden sehr emotionsgeladenen Holocaust-Gedenktages. Der Weg ging von Ein Kerem durch Jerusalem zum Fuß der alten Stadtmauer. Ich wollte schon morgens dabei sein, aber nach einer schlaflosen Nacht entschied ich mich, später dazuzustoßen.

Am frühen Nachmittag parkte ich also mein Auto am Endpunkt der Marschroute und ging zur Stadtmauer, um die Gruppe auf der Strecke zu treffen. Am Jaffa-Tor traf ich auf einen älteren arabischen Mann, der höchst aufgebracht mit einem älteren strenggläubigen Juden, der einige Meter entfernt an einer Bushaltestelle stand, stritt. Die Polizisten einer Grenzpatrouille versuchten die beiden zu beruhigen, damit es nicht zu Handgreiflichkeiten kam, denn beide Männer verhielten sich äußerst aggressiv.

Ich stand neben dem Araber, redete beruhigend auf ihn ein und bat ihn, sich hinzusetzen und nicht auf die Provokationen des anderen einzugehen. Die Zurückhaltung, die die Polizisten an den Tag legten, beeindruckte mich. Sie ergriffen nicht Partei und behandelten beide Männer voller Respekt.

Der Bus kam, der jüdische Mann stieg ein und alles sah nach Entspannung aus. Dann jedoch begann eine jüdische Frau, die in der Warteschlange an der Bushaltestelle den Streit von Beginn an beobachtet hatte, den Araber nun ihrerseits zu beleidigen. Der Mann reagierte sofort.

Die Polizei war nicht mehr da und in dem Versuch, die Situation zu beruhigen, war ich nun auf mich allein gestellt. Ich widmete meine Aufmerksamkeit dem arabischen Mann, der ruhig geblieben wäre, hätte die Frau ihn nicht ununterbrochen provoziert. Erfolglos versuchte ich, sie aus der Entfernung zur Vernunft zu bringen.

Sie stoppte ein vorbeifahrendes Polizeiauto und sagte etwas zu dem Polizisten, der sich nun dem Araber näherte. Ich erklärte dem Polizisten, was passiert war, und er ging zu der Frau zurück. Ich war so froh, dass alle Polizisten in dieser Situation so ruhig handelten und dazu beitrugen, den Frieden wiederherzustellen.

Dann platzte eine palästinensische Frau, die unterwegs zum Jaffa-Tor war, in die Szene hinein. Sie hatte den Eindruck, dass der alte Araber angegriffen wurde, und eilte aufgebracht herbei, um ihn zu retten. Der jüdischen Frau, die gerade dabei war, sich zu beruhigen, schrie sie Beleidigungen entgegen, und die Situation eskalierte wieder.

Meine ganze Aufmerksamkeit galt nun der palästinensischen Frau. Sie kam mir vor wie eine Bombe, kurz vor der Explosion. Ich versuchte ihr zu erklären, was los war, doch sie war wütend auf mich, schrie ihren Hass, ihre Verzweiflung und ihren Schmerz heraus. In dem Moment verkörperte sie Palästinas Anklage gegen Israel, und Israel war ich für sie. Diese Situation hatte plötzlich eine Dimension erreicht, die weit über ein normales Aufeinandertreffen von zwei Menschen hinausging.

Sie schrie ihr Leid heraus über die aktuellen Vorfälle in den besetzten Gebieten und die militärischen Aktionen in palästinensischen Städten. Sie sprach von Jenin, wo sie Familie und Freunde hat und das gerade Schauplatz fürchterlicher Kämpfe war. Sie sagte, dass unsere Soldaten Kriegsverbrecher sind. Sie sei überzeugt, dass wir sie alle umbringen wollten. Warum wir sie so sehr hassen würden? Sie seien für den Holocaust nicht verantwortlich. Warum sie den Preis dafür bezahlen sollten?

Sie erzählte mir von den Flüchtlingen, für deren ständiges Leid wir die Verantwortung trügen. Sie zeigte auf die jüdische Frau und versicherte mir, dass diese sephardische Frau in einem arabischen Land würdevoll und wie ein Mensch behandelt würde, und jetzt könne ich mal sehen, wie sie sich Palästinensern gegenüber verhielte.

Es nahm kein Ende; sie schrie und spuckte mir ihren Hass auf Israel entgegen. Ich versuchte überhaupt nicht, mit ihr zu streiten. Ich reagierte nicht auf all die Anschuldigungen. Ich spürte ein riesiges Mitgefühl und einfach den starken Wunsch, ihr zuzuhören. Meine Geduld wurde genährt durch Begreifen: Hinter diesem überwältigenden Hass lag tiefes Leid und ein Schmerz, der durch das aktuelle gegenwärtige Kriegsgeschehen verschärft wurde. Diese Gefühle mussten sich irgendwie Raum verschaffen, damit Heilung eintreten konnte. Ich war bereit, diesen, wie mir schien, schrecklichen Anschuldigungen, Verdrehungen und Verleumdungen zuzuhören, ohne zu reagieren. Es gab mir Kraft, dass ich in diesem Moment keinerlei Zweifel daran hatte, dass das Leiden und der Schmerz der Israelis um nichts weniger real und gerechtfertigt ist. Ich ließ mich weder provozieren noch stiegen Ärger oder Schuldgefühle in mir auf. Mir tat diese Tragödie leid – für beide Seiten. Mein Mitgefühl für die Palästinenserin ging nicht auf Kosten des Mitgefühls und der Loyalität, die ich in dem Moment für mich selbst und die Israelis empfand.

Für mich ist es nicht wichtig, wer Recht oder Unrecht hat. Innerlich war ich sehr, sehr ruhig und voller Frieden. Ich wusste, dass nur so ihr Zorn besänftigt werden konnte, und ließ sie lange und ohne Unterbrechung sprechen. Als sie mich weiterhin anschrie, erwiderte ich, sie brauche nicht so laut zu sprechen, denn ich würde ihr mit meiner ganzen Aufmerksamkeit zuhören. Gleichzeitig bemerkte ich, dass ich tröstend ihren Arm berührte. Sie ließ es zu und nach und nach senkte sich ihre Stimme, während sie fortfuhr, ihrer Verzweiflung freien Lauf zu lassen.

Sie sagte zu mir: „Verstehst du, warum einige von uns zu euch gehen und sich selbst umbringen? Ihr tötet uns sowieso, weshalb sollen wir euch dann nicht mitnehmen?" Sie zog sogar für sich die Möglichkeit in Erwägung, sich aus Verzweiflung in die Luft zu sprengen. Ich versicherte ihr sanft, dass ich nicht möchte, dass sie stirbt. Niemand solle sich zu so etwas entschließen. Wir litten auf beiden Seiten. Sie fuhr fort zu behaupten, dass die Zionisten die Palästinenserinnen nur loswerden wollten. Ich antwortete: „Sehen Sie, ich bin Zionistin, und ich will Sie nicht loswerden. Ich wünschte, wir könnten als gute Nachbarinnen zusammenleben." Und tatsächlich hörte sie mir zu!

Sie erzählte mir von der Demonstration, die vergangene Woche in der Nähe von Ramallah stattgefunden hatte, und beschwerte sich über die jüdischen Organisationen, die daran teilgenommen hatten. Dann bat sie mich, etwas Geld zu spenden, um für einige Palästinense-

rinnen dringend benötigte Telefonkarten zu kaufen. Ich gab ihr etwas Geld. Mittlerweile hatte sich unser Gespräch normalisiert. Sie schrie nicht mehr und war sogar in der Lage, mir zuzuhören.

Als sie sich fast vollständig beruhigt hatte, bemerkte ich die Teilnehmerinnen des Friedensmarsches, die die Straße herunterkamen und sich uns langsam näherten. Sie gingen in einer Reihe, Hunderte, einer nach dem anderen, schweigend, langsam, ruhig, sich jeden Schrittes bewusst, und verbreiteten um sich eine Atmosphäre des Friedens und der Sicherheit. Sie strahlten Präsenz, Ruhe und Wärme aus.

Ich machte die Frau auf die Marschierenden aufmerksam und erklärte ihr, dass ich hier sei, um an einem gemeinsamen Friedensmarsch für Palästinenserinnen und Israelis teilzunehmen. Ich erzählte ihr von dieser Demonstration für Koexistenz und Frieden, Frieden mit jedem Schritt, hier und jetzt. Dann schlug ich ihr vor, sich mit mir zusammen einzureihen, doch sie zögerte und lehnte mein Angebot ab. In diesem Moment erreichten uns die ersten Menschen und einige Bekannte schüttelten mir im Vorbeigehen herzlich die Hand. Eine junge Frau, die sich in einer Gruppe für die Annäherung der beiden Völker sehr engagiert, näherte sich der Palästinenserin und gab ihr einen Kuss. Es stellte sich heraus, dass sie sich kannten. Ich bemerkte, dass meine Gesprächspartnerin von dem Marsch und der Atmosphäre, die er ausstrahlte, sehr bewegt war und immer ruhiger zu werden schien, nicht mehr zu vergleichen mit der wütenden Frau, die ich hier vor wenigen Minuten angetroffen hatte.

Das Ende des Zuges zog vorbei und ich wollte mich anschließen. Noch einmal lud ich sie ein, doch sie lehnte erneut ab. Ich versicherte ihr, dass ich ihre Entscheidung verstehe und respektiere, und fügte hinzu: „Ich bin sicher, dass es eines Tages gelingen wird, Frieden zwischen uns zu schaffen." Sie lächelte und antwortete: „Ich auch."

Zu meinem großen Erstaunen kam sie auf mich zu und küsste mich auf beide Wangen. Dann ging sie eine Weile neben dem Zug her und erzählte mir, dass sie diesen Marsch möge, dass er ihr gut tue, ihr Erleichterung bringe und dass ihre Stimmung jetzt viel besser sei. Ich war sehr, sehr berührt und fühlte mich durch diese Begegnung mit ihrem überraschenden Ende überwältigt. Der Frieden war hinter der nächsten Ecke gewesen, und ich hatte ihn nicht verpasst! Ich hatte einen intensiven Augenblick wirklicher Versöhnung erlebt. Und alles hatte gepasst: Ein unglaubliches „Timing" hatte mich zu dieser Zeit an diesen Ort gebracht und hatte ermöglicht, dass die Frau zunächst genügend Zeit bekam, ihre Wut zum Ausdruck zu bringen, mein Zuhören und Mitgefühl zu empfangen und Zeit, um sich zu beruhigen, sodass sie schließlich für die leise, ruhige Energie des Marsches empfänglich wurde.

Der Marsch mit seiner Ausstrahlung von intensiver Heilung, der greifbaren Gegenwart des Friedens und der guten Absicht einer ganzen, organisierten Gruppe näherte sich genau rechtzeitig, um das Geschehen zu vervollständigen und der individuellen Begegnung eine größere Perspektive hinzuzufügen. Die starren Mauern ihres Hasses zersprangen und erlaubten ihr, auszudrücken, was tief in ihrem Herzen war. Was für ein Wunder, dass sie mich am Ende geküsst hatte! Innerhalb einer kurzen emotionsgeladenen Zeitspanne erfuhr die Energie des Todes und des Hasses, die sie in sich trug, eine unglaubliche Wandlung. Ich weiß nicht, ob und wann sie in ihren vorherigen Zustand zurückkehrte oder ob sie im Zustand der Ruhe verharren konnte, doch ich spüre, dass diese tief greifende Verwandlung sehr real und intensiv war und eine Spur in der Erinnerung hinterlassen wird, die nicht vergeht. Ein Same des Friedens wurde in ihrem Herzen gesät. Wir müssen mehr von diesen Samen säen und sie sorgfältig wässern.

Nie zuvor hatte ich die tiefe Bedeutung der Worte erfasst, die Thich Nhat Hanh in Shanghai am 19. Oktober nach der Tragödie des 11. September verlauten ließ: „Terror lebt im Herzen der Menschen, und wir müssen diesen Terror aus den Herzen nehmen. Die körperliche genauso wie seelische Zerstörung eines menschlichen Herzen gilt es zu verhindern. Die Wurzeln des Terrorismus sind Missverständnisse, Hass und Gewalt. Diese Wurzeln sind dem Militär nicht zugänglich. Bomben und Geschütze können sie nicht erreichen, geschweige denn zerstören. Nur indem wir üben, ruhig zu werden und in die Tiefe zu blicken, kann unsere Erkenntnis uns diese Wurzel offenbaren und sie identifizieren. Nur durch tiefes Zuhören und Mitgefühl können diese Wurzeln umgewandelt und entfernt werden. Dunkelheit wird nicht durch Dunkelheit vertrieben. Mehr Dunkelheit wird die Dunkelheit nur verdichten. Nur Licht kann die Dunkelheit vertreiben. Diejenigen unter uns, die das Licht in sich tragen, sollen dieses Licht ausstrahlen und verbreiten, sodass die Welt nicht in totaler Dunkelheit versinkt."

Diese Geschichte gehört mir nicht alleine. Ich weiß, dass ich die Pflicht habe, sie so vielen Menschen wie möglich zu erzählen, auf dass mehr und mehr Samen des Friedens ausgesät werden mögen.

Marion Pargaman, eine israelische Sozialarbeiterin, ist Gründerin von *Mifgash,* einer gemeinnützigen Organisation mit der Zielsetzung, Konflikte zu lösen und zum Aufbau des Friedens in der israelischen Gesellschaft beizutragen. Außerdem initiierte sie eine Dialoggruppe für Palästinenserinnen und Israelis, genannt *Circle for Sanity* (Kreis für gesunden Menschenverstand). Die Gruppe arbeitet auf der Grundlage von Gewaltfreiheit und Spiritualität. Marion gehört Thich Nhat Hanhs Sangha[11] in Jerusalem an.

11 Buddhistische Gemeinschaft. (Anm. d. Übersetzerin)

Hassans Geschichte

(von Leah Green)

Niemals werde ich Hassans Geschichte vergessen. Noch vor wenigen Jahren war dieser ein wütender, junger Palästinenser gewesen, voller Überzeugung, keine Zukunft zu haben. Vor drei Jahren hatte er das Gymnasium beendet. Er war hochintelligent und träumte davon, Anwalt zu werden und diese Fähigkeiten seinem Volk zur Verfügung zu stellen. Aber er lebte im Kriegsgebiet und hatte keine Möglichkeit zu studieren oder auch nur eine anspruchsvolle Arbeit zu finden. Er erlebte dasselbe Elend wie alle anderen jungen Männer in Bethlehem auch: Kontrollposten, keine Möglichkeit, mehr als nur einige Meilen weit zu reisen, im Krieg getötete Freunde und Familienmitglieder, eingesperrt, wenig Hoffnung auf eine Anstellung oder die Möglichkeit zu heiraten. So kam es, dass er begann, Gewaltanwendung gegen Israelis als Möglichkeit in Betracht zu ziehen. Es ist schwer, sich vorzustellen, mit welch großer Hoffnungslosigkeit er auf sein Leben und seine Zukunft blickte.
Durch einen unserer Kollegen in Bethlehem erfuhr er von unserem Training im Einfühlsamen Zuhören und meldete sich umgehend an. Seit 15 Jahren arbeitet das Compassionate Listening Project mit israelischen und palästinensischen Menschen auf unteschiedlichsten Ebenen. So entstanden Kontakte, die solche Trainings ermöglichten.
Der Workshop in Bethlehem schuf ein sicheres und liebevolles Umfeld, in dem Hassans Geschichte auf einer tiefen Ebene Gehör fand. Er lernte Kommunikationstechniken und friedensbildende Maßnahmen kennen, und vor allem gelang es ihm, Mitgefühl für sich selbst sowie für diejenigen zu entwickeln, die er vorher als Feinde angesehen hatte. Er lernte, mit dem Herzen zu hören und zu sprechen und dadurch die verbindenden Werte hinter anscheinend widersprüchlichen Positionen zu sehen. Hassan entschied sich für ein fortgeschrittenes Training, an dem sowohl Jüdinnen als auch Palästinenser teilnahmen.

Da er keine Erlaubnis bekam, für das Training nach Jerusalem zu reisen, riskierte er seine Verhaftung und eine Gefängnisstrafe, indem er sich um den israelischen Kontrollposten herumschlich, um dennoch am Training teilzunehmen. Zum ersten Mal hörte er vom Leiden israelischer Jüdinnen, und auch sein eigenes Leiden wurde von den jüdischen Menschen gehört und anerkannt. Dadurch wurde für ihn die Menschlichkeit beider Seiten wiederhergestellt. Durch Übungen und in Kleingruppenarbeit entwickelte er ein tiefes Gefühl von Gemeinschaft und Verbindung zu den Menschen, die er noch vor einigen Tagen als Feinde betrachtet hatte. Zum ersten Mal seit Jahren sah er Hoffnung für sich selbst und für die Welt.

Nach dem Training begann Hassan, sich in Friedensinitiativen zu engagieren, u.a. in einem palästinensischen Friedens- und Dialogzentrum in Jerusalem, bei dem er inzwischen angestellt ist. Vor Kurzem erzählte er mir: „Ich war auf dem Weg in Richtung Extremismus, aber dank des Compassionate Listening Project habe ich jetzt einen Weg zum Frieden gefunden, innerlich wie äußerlich."

8. Die Heilung unserer Gemeinwesen
(von Brian Berman)

Weißt du wirklich, was positiv ist und was negativ? Kannst du das vollständige Bild sehen? Es gibt viele Menschen, für die ihre Begrenzungen, ihr Versagen, Verlust, Krankheit oder Schmerz letztlich zu ihren größten Lehrmeistern wurden. Diese Erkenntnis lehrte sie, falsche Selbstbilder und oberflächliche, vom Ego diktierte Ziele und Sehnsüchte loszulassen, schenkte ihnen Tiefe, Demut und Mitgefühl und ließ sie wahrhaftiger werden. – Eckhart Tolle

Hintergrund und Entstehungsprozess

Durch die Anschläge des 11. September 2001 und die gefühlsmäßigen Reaktionen, die sie in den USA auslösten, wurde mir bewusst, dass Funken dieses global schwelenden Konfliktes auch in meinem engsten Freundeskreis zu finden waren. Ich sah, dass eine neue, noch nicht existierende Form von Heilung gewollt und gebraucht wurde. Das inspirierte mich, ein in unserer Gemeinschaft verankertes Gremium auf der Grundlage des gegenseitigen Zuhörens zu schaffen, um die Heilung von Konflikten zu unterstützen.

Diese Vision, ein zuhörendes Beratungsteam zu gründen, beschrieb ich einigen guten Freunden. Viele waren begeistert. Sie sahen in unserem Gemeinwesen großen Bedarf nach einem sicheren Treffpunkt für Gleichgesinnte. Ich erkundigte mich, welche besonderen Fähigkeiten wir für diese neue Arbeit benötigen würden. Dass Leah Green auch in meiner Gemeinde lebte, war sehr hilfreich, denn ich kannte ihre Arbeit und bat sie um Unterstützung, die sie auch großzügig gewährte. In der Gruppenleitung sollten beide Geschlechter vertreten sein. So lud ich Therese Charvet, eine gute Freundin mit jahrelanger Erfahrung im Leiten von Frauengruppen, ein, diese Arbeit mit mir gemeinsam durchzuführen.

Die wöchentliche Übungsgruppe

Im November 2001 entwarfen wir einen Brief, in dem wir verdeutlichten, dass die einschneidenden Ereignisse in unserer eigenen Gemeinde sowie die Tragödie des 11. September für uns Grund genug waren, um mit dem gemeinsamen Ziel der Heilung zusammenzukommen. Wir luden Freunde und Freundinnen ein, um die hilfreiche Fähigkeit des Einfühlsamen Zuhörens kennenzulernen. Die Heilung unserer eigenen Konflikte sollte ein erster Schritt auf dem Weg sein, die Welt insgesamt zu einem sichereren Lebensort zu machen.

Ich absolvierte ein Training im Einfühlsamen Zuhören und lud auch die dortigen Teilnehmer ein, sich unserer Gruppe anzuschließen. Im Rahmen dieser wöchentlichen Übungsgruppe, so stellte ich mir vor, würden wir unsere Fähigkeiten vertiefen und besondere Beratungsteams bilden, um zuzuhören, sobald in unserer Gemeinde ein Bedarf auftauchen würde.

Wir haben mit 20 Teilnehmerinnen begonnen und sind momentan bei den wöchentlichen Treffen durchschnittlich vierzehn. Die Altersspanne reicht von 18 bis 64, und wir haben fast immer ein ausgewogenes Verhältnis von Männern und Frauen. Die Gruppe steht allen offen, die daran interessiert sind, das Einfühlsame Zuhören zu erlernen und zu praktizieren. Es gibt einen festen Kern von Menschen, die jede Woche dabei sind. Ein- oder zweimal im Monat kommen neue Leute dazu.

Überblick über den Ablauf eines Treffens

- Meditation, um unsere Gedanken zur Ruhe kommen zu lassen und uns mehr in der Gegenwart zu verankern. Wenn du nicht im Augenblick präsent bist, kannst du auch anderen nicht zuhören.
- Eine nonverbale Übung, die dazu dient, dass sich alle innerhalb der Gruppe enger verbunden fühlen.
- Eine kurze Runde, wie es jedem Einzelnen im Moment geht. In dieser Runde beginnen wir zu üben, mit dem Herzen zuzuhören. Die Mitteilungen werden nicht kommentiert.
- Eine praktische Übung zur Erweiterung unserer Fähigkeiten im Einfühlsamen Zuhören.
- Jeder Teilnehmer teilt mit, ob er Sprecher oder Zuhörer sein will. Wir teilen uns in große oder kleine Gruppen auf, um das Einfühlsame Zuhören zu praktizieren.
- Zum Abschluss kommen wir wieder als Gesamtgruppe zusammen, um uns darüber auszutauschen, was wir beim Üben erlebt und gelernt haben.

Tipps für die Anwendung des Einfühlsamen Zuhörens

- Bleibe präsent.
- Versuche nichts zu „reparieren" oder „wiedergutzumachen".
- Sei dir deiner Urteile bewusst.
- Lass Stille zu.
- Vermeide Warum-Fragen.
- Stelle offene Fragen, nicht Fragen, die man mit „Ja" oder „Nein" beantworten kann.
- Höre mit dem Herzen zu, nicht mit dem Kopf.
- Nimm nichts, was du hörst, persönlich.

Das zuhörende Beratungsteam: ein Kreis für Konfliktbewältigung, persönliches Wachstum und Heilung im sozialen Umfeld

Vision

Wir stellen uns eine Welt vor, in der Menschen in Konflikten oder in persönlichen Krisensituationen in ihren Gemeinden Liebe, Unterstützung und einfühlsame Zuhörerinnen finden. In einer solchen Gemeinde, so unsere Vision, fühlt jeder sich zugehörig und wird mit seinen individuellen Begabungen, die zur Vollständigkeit und zum Wohlergehen der ganzen Gemeinschaft beitragen, gesehen und geschätzt.

Was wir tun

Wenn wir von jemandem angesprochen werden, der sich in einer Konflikt- oder persönlichen Krisensituation befindet, setzt sich ein zuhörendes Team zusammen, dass diesen Menschen die Gelegenheit anbietet, gesehen, akzeptiert und gehört zu werden. Wenn es sich um einen Konflikt handelt, in dem die andere Konfliktpartei auch Interesse an unserer Unterstützung zeigt, treffen wir alle Beteiligten zunächst einzeln und dann alle zusammen. Das zuhörende Team ist also ein Forum für die Bearbeitung von Konflikten, wobei es sich um äußere, aber auch um innere Konflikte handeln kann. Zuhörende Teams schaffen einen sicheren Ort, um Gefühle zum Ausdruck zu bringen und die Tiefe der Problematik auszuloten und zu akzeptieren. Dann kann ein Weg eingeschlagen werden, der durch das Leid hindurch zu einer neuen Freiheit führt, aus der heraus auch das Geschenk der jeweiligen Situation erkannt und gewürdigt werden kann.

Wie ein solches Treffen aussieht

An den Zusammenkünften eines solchen zuhörenden Teams nehmen mindestens zwei bis maximal zehn Menschen teil, von denen mindestens einer in der Methode des

Einfühlsamen Zuhörens geübt ist und die Gruppe leitet. Manchmal wünscht sich der Ratsuchende selbst bestimmte Zuhörerinnen. Ansonsten wird die Anfrage an alle Teilnehmerinnen unserer Übungsgruppe weitergeleitet, und das Team setzt sich aus all denen zusammen, die am besagten Termin Zeit haben. Die Zuhörenden sind motiviert durch ihre persönliche Verbindung zu den Ratsuchenden und durch ihren Wunsch, etwas von der Liebe und Unterstützung zurückzugeben, die ihnen selbst in Krisenzeiten zuteil wurde. Manchmal reicht ein einziger Termin aus. Sind an einem Konflikt jedoch mehrere Personen beteiligt, gibt es meistens auch mehrere Zusammenkünfte. Jedes Treffen dauert zwischen einer und zwei Stunden.

Zielsetzungen

- Neue Herangehensweisen bei der Bearbeitung von Konflikten zu finden;
- eine heilende Umgebung zu gestalten, einen sicheren Raum, der Veränderung ermöglicht;
- ganz und gar zuzuhören, mit ruhigem Geist und urteilsfrei;
- Einfühlsames Zuhören anzubieten anstelle von Ratschlägen und Problemlösungen;
- jedem Menschen zu helfen, seine eigene innere Weisheit zu entdecken;
- in die Tiefe zu gehen und zutage zu fördern, was sich unter Konflikten und anderen Herausforderungen verbirgt;
- Schuldzuweisungen und Bewertungen sich selbst und anderen gegenüber bewusst zu machen und loszulassen;
- zu sehen, was wir aus Krisen und Konflikten lernen können und wie wir den in ihnen enthaltenen Schatz bergen können;
- zu helfen, unerfüllte Bedürfnisse herauszufinden und zu artikulieren;
- Wachstum, spirituelle und emotionale Entwicklung zu nähren;
- die Isolation in den Gemeinden der modernen Gesellschaft zu heilen
- eine Perspektive anzubieten.

Werte

Zuhörende Teams gehören nicht einer bestimmten Religion oder spirituellen Ausrichtung an. Sie bieten auch keine Therapie an. Ihr Konzept baut auf den folgenden universellen Wahrheiten auf:

- Das Zuhören mit dem Herzen bringt eine heilende, verändernde Energie hervor.
- Herausforderungen und Konflikte sind eine Gelegenheit, sich selbst zu erforschen.
- Das äußere Leben ist eine Spiegelung des inneren Lebens.
- Eine weit verbreitete Ursache von Leid sind unsere persönlichen Denkmuster, innerhalb derer wir uns als „Opfer“ erleben.
- Eine demütige Haltung, aus der heraus wir anerkennen, dass wir vieles nicht wissen, ist der Schlüssel zur Konfliktbewältigung.
- Vergebung und Versöhnung lassen persönliche Freiheit entstehen.

- Heilung findet im Herzen, nicht im Kopf statt.
- Achtsamkeit ist ein unverzichtbarer Bestandteil der Heilung.
- Urteilsfreies Zuhören in einer gleichberechtigten Gruppe gibt uns ein Beispiel für einen mitfühlenden Umgang mit uns selbst und anderen.
- Die Akzeptanz dessen, was ist, ist der Schlüssel zur Heilung.
- Wir sind zugleich Schüler und Lehrer im Lernprozess des Lebens.

Herausforderungen

- Von Sitzung zu Sitzung die Fähigkeiten zur Anleitung des Gruppenprozesses verbessern: Ohne gute Gruppenleitung kann erfahrungsgemäß die erzählende Person in ihrer Geschichte stecken bleiben.
- Die Fähigkeiten der Zuhörerinnen im Einfühlsamen Zuhören sind sehr unterschiedlich. So kann es passieren, dass wir durch Fragen oder Ratschläge abgelenkt werden, die für den Sprecher nicht hilfreich sind.
- Wir sind uns dessen bewusst, dass ein zuhörendes Team kein Therapieersatz ist und dass Menschen in Konfliktsituationen zusätzlich professionelle Hilfe benötigen könnten. Auf der anderen Seite sehen wir ein heilendes Element darin, dass Menschen aus der unmittelbaren Umgebung Hilfesuchende innerhalb ihrer Gemeinde unterstützen.
- Es kostet viel Zeit, einen Beziehungskonflikt bis in die Phase der Versöhnung zu begleiten. Wenn Menschen einen Konflikt miteinander haben, treffen wir uns so lange einzeln mit jeder beteiligten Person, bis wir glauben, dass alle bereit sind, sich auch in die Lage ihres Gegenübers zu versetzen. Dann kommt es zu einem oder mehreren gemeinsamen Treffen, bei denen sich die Beteiligten gegenseitig zuhören. Manchmal wollen die beteiligten Personen einander bereits gegenseitig zuhören, wenn wir den Eindruck haben, dass einer oder alle Beteiligten noch nicht die volle Verantwortung für ihren Anteil im Konflikt übernehmen. Dann bei den Einzelgesprächen zu bleiben, kann zu einer großen Herausforderung werden.

Weiterführende Schritte

Wir bieten den Menschen, die als Anleiterinnen in ihren Gemeinden Übungsgruppen und zuhörende Teams bilden wollen, eine qualifizierte Leitung und ein Training an.

Kontakt:

Brian Berman
P.O. Box 975
Suquamish, WA 98392
USA
Tel.: 001-360-297 3358
brian@BermanHealingArts.com
www.BermanHealingArts.com

9. Mädchen-Gesprächskreise
(von Linda Wolf)

Die ganze Woche über freue ich mich auf Dienstag. In der Gruppe zu sein ist für mich das Allerwichtigste. Es gibt keinen anderen Ort, an dem ich so ich selbst sein kann und weiß, dass ich nicht zurückgewiesen werde für das, was ich bin, fühle oder tue. In der Gruppe kann ich mich selbst denken hören. Selbst in der Zeit, als ich von zu Hause abgehauen war und die Schule geschmissen hatte, ging ich weiter zur Gruppe. Wenn das nicht alles sagt, dann, Scheiße, dann weiß ich auch nicht, was.
– Erin, Mitglied der Gruppe „Mädchen im Mittelpunkt"

Projektbeschreibung

Mädchen-Gesprächskreise – junge Frauen sprechen und hören mit dem Herzen

Im Frühjahr 1993 luden die Therapeutin Wind Hughes und ich eine Gruppe sehr unterschiedlicher junger Frauen im Alter von 14 bis 21 Jahren dazu ein, uns beim Schreiben eines Buches für Mädchen und junge Frauen zu helfen. Wir nannten unsere Gruppe *Mädchen im Mittelpunkt* und planten, uns zehn Wochen lang zu treffen. Wir wollten über Themen sprechen, von denen wir wussten, dass sie für Mädchen in der Mittel- und Oberschule wichtig waren, Themen, die uns selbst als junge Frauen beschäftigt hatten und in mancher Weise für uns noch immer aktuell waren. Dazu gehörten: eine liebevolle Beziehung zu sich selbst entwickeln, Körpergefühl, Sexualität, Gruppendruck, Beziehungen, Drogen- oder Alkoholmissbrauch, Vorurteile und Stereotype, Gefühle und Unsicherheit.

Zunächst ging es uns lediglich um Recherchen für unser Buch, doch uns wurde schnell klar, dass der Gesprächskreis für die jungen Frauen wichtig war, und sie baten uns um eine Fortsetzung dieser Arbeit. Für viele von ihnen war unser Austausch der *einzige* sichere Rahmen, in dem, wie Carol Gilligan, eine unserer Beraterinnen, feststellte, „sie sagen konnten, was sie denken, hören, fühlen und sehen". Die Gruppe wuchs stetig, während wir neue Ideen und Gedanken aus dem aktuellen feministisch-weiblichen Diskurs in die Arbeit einbrachten. Wir regten Prozesse zur Vertrauensbildung und zur Bewältigung von Konflikten an. Dabei wurden wir inspiriert durch Menschen wie Marshall Rosenberg, Arnie Mindell, Danaan Parry, Riane Eisler, Marion Woodman und Bell Hooks, alles Pioniere im Bereich Konfliktbewältigung, Psychologie, Transformation von kulturellen Barrieren, Systemtheorie und innerer Heilung.

Indem sie miteinander sprechen und sich gegenseitig zuhören konnten, erhielten die Mädchen Gelegenheit, die eigene Stimme und die der anderen zu hören und zu sehen, dass sie nicht alleine waren. Das half ihnen zu verstehen, dass ihre Probleme sie nicht notwendigerweise überwältigen und zerstören mussten, sondern dass sie die Kraft besaßen, sie zu verändern. Die Gruppe blieb schließlich für zwei Jahre zusammen. In dieser Zeit gründeten wir auch einen Gesprächskreis für junge Männer sowie eine gemischte Gruppe, die wir *Gespräch zwischen den Geschlechtern* nannten. Das Buch, der eigentliche Anlass zur Gruppengründung, erschien 1997 unter dem Titel: *Daughters of the Moon, Sisters of the Sun: Young Women and Mentors on the Transition to Womanhood* (Töchter des Mondes, Schwestern der Sonne: Mädchen und ihre Begleiterinnen auf dem Weg ins Frausein). Es basiert auf dem Leben der jungen Menschen in den Gruppen, verkaufte sich bisher über 20 000-mal und wurde sogar ins Chinesische übersetzt.

Seitdem erhielten wir Hunderte von Anfragen von jungen Menschen und Erwachsenen, die wissen wollten, wie auch sie solche Gesprächskreise in ihrer Gemeinde aufbauen könnten. Um dieses Vorhaben zu unterstützen, entwickelten wir *Die Kunst, Gesprächskreise für Heranwachsende zu leiten,* ein Ausbildungsprogramm für Gruppenleiterinnen, an dem in den letzten sechs Jahren über 600 Menschen aus den USA und Kanada teilgenommen haben, um danach selbst Gruppen zu initiieren oder das Konzept in ihre Arbeit einfließen zu lassen.

Der Kontakt mit dem *Compassionate Listening Project* und die Integration der dort erworbenen Fähigkeiten in unsere Arbeit veränderte unseren Ansatz maßgeblich. In vieler Hinsicht erwies sich die Art des Zuhörens, wie sie im *Compassionate Listening Project* gelehrt wird, als das noch fehlende Puzzleteil: Das intensive Zuhören war immer Teil unserer Arbeit gewesen, doch nun verfügten wir auch über Methoden, diese Fähigkeiten jungen Menschen so zu vermitteln, dass sie ihre Erfahrungen aus dem Gesprächskreis in ihr tägliches Leben übertragen konnten, in den Umgang mit Freunden, Familie, Lehrern und andern Menschen.

Die positiven Rückmeldungen auf Einführungsseminare in das Einfühlsame Zuhören haben uns veranlasst, eine komplette Trainingseinheit in unsere Workshops zum Thema Gruppenleitung aufzunehmen.

Hierzu äußerte sich Bill Mandeville, der Leiter eines Nachbarschaftsprojektes im US-Staat Washington, folgendermaßen: „Einfühlsam zuhören und aus dem Herzen heraus sprechen zu lernen, gehen Hand in Hand mit unseren Bemühungen, die Heilung beim Einzelnen zu beginnen, damit sich die heilende Energie dann weiterverbreiten kann; zunächst bei den Menschen, die mit uns arbeiten, und dann in unserer Gemeinde und schließlich in der ganzen Welt.“

Wir sind dankbar, Teil des Compassionate-Listening-Zertifizierungsprozesses zu sein. Wir freuen uns darauf, weitere Gemeinden darin zu unterstützen, jungen Frauen und Männern zu helfen, in Gesprächskreisen ihre Fähigkeiten zu entfalten und die eigene Kraft kennenzulernen.

Linda Wolf ist die Leiterin der Mädchen-Gesprächskreise und der globalen Jugend-Allianz. Sie ist Koautorin von zwei Büchern, u.a. von *Global Uprising: Confronting the Tyrannies of the 21st Century – Stories from a New Generation of Activists",* New Society Publishers 2001.
Die Mädchen-Gesprächskreise sehen ihre Aufgabe darin, junge Frauen weiterzubilden, zu inspirieren und in ihrem Selbstwertgefühl zu stärken. Sie fördern Partnerschaft und Verständigung zwischen den Geschlechtern, Generationen und Kulturen und unterstützen die Jugend in positivem Selbstausdruck und sozialem Handeln für eine gerechte und lebenserhaltende Welt.

Kontakt:
Mädchen-Gesprächskreise
Teentalking Circles
diva@teentalkingcircles.org
www.daughters-sisters.org

10. Konflikte durch Regulierung der Jagd- und Fischereirechte bei Subsistenzwirtschaft.[12] Die Bewohner Alaskas hören einander zu

Nie habe ich gehört, wie Menschen aus der Stadt die Zeit ihres Heranwachsens erleben. Das ist gar nicht so anders wie bei uns ... Weißt du, wenn du im Dorf aufwächst, wirst du von der Vorstellung geprägt, dass die Weißen automatisch versuchen werden, unsere Lebensweise zu verändern. Doch manche von denen leben genauso wie wir. – Glenna Parrish, Buckland

Ja, wir werden herausfinden, dass es Unterschiede gibt, die wir nicht ausgleichen können, und wahrscheinlich müssen wir das auch nicht. Wir müssen aber sehr wohl die Werte des anderen respektieren. Wenn Menschen versuchen, trotz ihrer Unterschiede zusammenzukommen, müssen wir lernen, diese Unterschiede zu respektieren und mit ihnen zu leben. – Dick Bishop, Fairbanks

Projektbeschreibung[13]

Das Projekt *Konflikte durch Regulierung der Jagd- und Fischereirechte bei Subsistenzwirtschaft. Die Bewohner Alaskas hören einander zu* wurde von alaskischen Quäkerinnen initiiert und wird durchgeführt vom American Friends Service Committee (im Folgenden AFSC genannt), Quäkern und anderen Gruppen sowie Einzelpersonen, die sich dem sozialen Frieden in Alaska verpflichtet fühlen.

Für das Projekt werden kleinere Versammlungen abgehalten sowie eine Reihe von Besuchen und Interviews in städtischen und ländlichen Gemeinden durchgeführt. Es gibt einen bezahlten Mitarbeiter und viele Freiwillige aus dem gesamten Land. Die Hauptfinanzierung trägt das ASCE und ca. ein Drittel des Etats wird von anderen Organisationen und Einzelspenderinnen finanziert.

---

12 Subsistenzwirtschaft bezeichnet eine Form des Lebenserwerbs, in der nur für den Eigenbedarf Notwendiges erwirtschaftet wird und dazu natürliche Ressourcen genutzt werden.

13 Ausschnitt aus *Alaskans Listening to Alaskans. About Subsistence* (Konflikte durch Regulierung der Jagd- und Fischereirechte bei Subsistenzwirtschaft. Die Bewohner Alaskas hören einander zu), aktualisiert im Juni 2000.

Wir haben den Bewohnern Alaskas, die von der Debatte über die Regulierung der Jagdrechte direkt betroffen sind, zugehört, um die grundsätzlichen Interessen und Befürchtungen aller Beteiligten zu verstehen. Die Anschaffung einer Videokamera und eines digitalen Schnittplatzes ermöglichen uns, unsere Begegnungen zu filmen, um dann die Aufnahmen sowohl den städtischen als auch den ländlichen Teilnehmerinnen des Projektes vorzuführen. Alle Gespräche werden aufgenommen und mit dem Einverständnis des jeweiligen Sprechers stellen wir verschiedene Aspekte des Themas den verschiedenen Interessengruppen vor.

Es gibt wahrscheinlich ebenso viele „Seiten" zur Frage der Regulierung von Jagd- und Fischereirechten bei Subsistenzwirtschaft, wie es vom Thema betroffene Menschen gibt. Die Hauptauseinandersetzung jedoch findet zwischen denjenigen statt, die das „Vorrecht der ländlichen Bevölkerung" – so wie sie im Bundesgesetz festgeschrieben ist – unterstützen, und denen, die es ablehnen. Obwohl viele der Ureinwohner Alaskas in urbanen Gebieten leben und über die Hälfte der Landbewohnerinnen Weiße sind, wird die Debatte überwiegend aus einem kulturellen Blickwinkel geführt. Deshalb waren wir zunächst darum bemüht, denjenigen Stadtbewohnern zuzuhören, die einen gleichberechtigten Zugang zu den ländlichen Ressourcen fordern, und den auf dem Land lebenden Ureinwohnerinnen, für die das Bundesgesetz einen Interessenschutz darstellt. Wir hoffen, in Zukunft den Kreis der Beteiligten zu erweitern.

Wir fragen nach Erfahrungen, Werten, Interessen, Hoffnungen und Ängsten. Dabei geht es uns nicht um ein bestimmtes Ergebnis in der Sache, sondern darum, Verständnis und Frieden aufzubauen. In der Debatte über das Jagdrecht befürchten Jäger aus städtischen Gebieten, ein Aktionsfeld zu verlieren, das für sie auf vielen Ebenen bedeutungsvoll ist, und eine Tradition, die oft von Generation zu Generation weitervermittelt wurde. Und die Kluft zwischen ländlichen und städtischen Einwohnern ist für beide Gruppen ein Grund zur Besorgnis. Von den Landbewohnerinnen hören wir, ihr Leben gleiche einem Belagerungszustand. Die Ureinwohner in den Dörfern befürchten, alles zu verlieren.

Vonseiten der Urbevölkerung hören wir, dass ihnen schon bei der Staatsgründung und auch später, als entsprechenden Ansprüchen stattgegeben wurde, versprochen worden war, das Recht auf Jagen und Fischen zur Deckung des Eigenbedarfs unter Schutz zu stellen. Jetzt sieht es für sie so aus, als habe der Staat sein Versprechen zurückgenommen, indem er das Vorrecht der ländlichen Bewohner für „verfassungswidrig" erklärt.

Viele Dorfbewohnerinnen sind frustriert, weil Außenseiter – Menschen, die nicht vor Ort leben – Festlegungen treffen und es so zu Regelungen kommt, die nicht im Einklang mit der Realität der Fisch- und Jagdzyklen stehen. An der Einführung eines kooperativen Verwaltungsmodells besteht großes Interesse und viele Hoffnungen sind daran geknüpft. Trotz aller Frustration sind die Menschen bereit, erneut miteinander zu sprechen, um Brücken zwischen den Kulturen zu schlagen.

Alle, denen wir zuhören, stellen fest, dass gegenseitiger Respekt der Schlüssel ist, um über alles Trennende, alle Differenzen hinweg zusammenzukommen.

Kontakt:

Cynthia Monroe (Geschäftsführerin)
Alaskans listening to Alaskans about subsistence
American Friends Service Committee
P.O. Box 110932
Anchorage, AK 99511
USA
altas@alaska.net

11. Das Makah-Walfang-Projekt

(von Jeff Smith)

Projektbeschreibung

Projektbeginn

Das Volk der Makah-Indianer ist ein kleiner Stamm, der an der Spitze der Olympic-Halbinsel im US-Staat Washington lebt. In den letzten Jahren bekamen die Indianer Unterstützung von der internationalen Walfang-Kommission und der US-Bundesregierung, um die Jagd auf den pazifischen Grauwal wiederaufnehmen zu können. Der Bestand an Grauwalen, die vom Aussterben bedroht waren, hatte sich erholt und war wieder auf seine ursprüngliche Größe angewachsen.
Die Wiederaufnahme des Walfangs als vertraglich verbrieftes Recht führte zu Protesten von Anti-Walfang- und anderen Tierschutz-Gruppierungen. Diese fürchteten die Schaffung eines Präzedenzfalles, der es auch anderen Gruppen erleichtern könnte, den Walfang wieder aufzunehmen. Anti-indianische Gruppen und fanatische Einzelpersonen hatten die öffentlich ausgetragene und sehr kontroverse Auseinandersetzung genutzt, um latente negative Gefühle gegenüber den amerikanischen Indianern zu schüren bzw. überhaupt erst zu wecken. Einige dieser Personen und Gruppen führten umstrittene Aktionen durch: Sie fingen z.B. mit Booten die traditionellen Walfang-Kanus ab. Die US-Küstenwache hatte einige dieser Abfangboote gerammt, als sie in den Sicherheitsbereich der Walfänger eingedrungen waren.
Es hatte Gewaltandrohungen (Todesdrohungen eingeschlossen) gegeben, außerdem fanatisch motivierte Botschaften an die Makah und an die sie unterstützenden Stämme, die per E-Mail verschickt worden waren oder auf Anrufbeantwortern hinterlassen wurden. Außerdem gab es es Bombendrohungen an Schulen.

Besorgte Einzelpersonen und Repräsentanten von Menschenrechtsorganisationen trafen sich am 7. Juli 1999 das erste Mal und gründeten die *Koalition 7. Juli.* Sie definierten für sich die Aufgabe, mehr Frieden und Verständigung in die Walfang-Auseinandersetzung zu bringen, ohne dabei Partei für oder gegen den Walfang zu ergreifen. Die Koalition kam zu dem Schluss, dass ein Projekt im Einfühlsamen Zuhören ein erfolgreicher Weg sein könnte, um dieses Ziel zu erreichen. Um die notwendigen Schritte einzuleiten, kam ein Versöhnungs-Komitee interessierter Freiwilliger zusammen.
Eine im Zuhören geübte Gruppe kümmerte sich dann um Sitzungen im Einfühlsamen Zuhören. Beide Seiten wurden erst getrennt voneinander angehört. Zunächst

konnten die Protestgruppen der Walfanggegner und anschließend die Makah und andere indianische Stämme sowie deren Verbündete ihr Anliegen zum Ausdruck bringen. So leiteten sie einen indirekten und später einen von Angesicht zu Angesicht ausgetragenen Dialogprozess ein.

Aus vergleichbaren Dialogprojekten ist bekannt, dass der Prozess des Sprechens und Gehört-Werdens die Frustration verringert und dass das gegenseitige Kennenlernen auf einer persönlichen und herzlichen Ebene zu mehr Interesse an und größerer Empathie für die Position des Gegenübers führt. Ganz spezifische Informationen sorgen ebenfalls für mehr Verständnis und Kompromissbereitschaft im Denken und Handeln. Es ist jedoch nicht zu erwarten, das sich die Positionen zum Thema notwendigerweise verändern.

Die Entwicklung des Projektes während der ersten anderthalb Jahre

Im Versöhnungs-Komitee ging es in den ersten Monaten zunächst darum, sich mit der grundlegenden Philosophie des Einfühlsamen Zuhörens sowie mit Maßnahmen zur Organisation und Durchführung eines solchen Projektes zu beschäftigen. In der folgenden Auflistung finden sich die seither durchgeführten Aktivitäten:

- Ortsbesichtigung in der Neah-Bucht durch Mitglieder der Koalition, um sich mit den unterschiedlichen Positionen vertraut zu machen: sowohl der des Makah-Stammes als auch der der Repräsentanten der Walfang-Kommission (30./31. Oktober 1999).
- Zweitägiges Training im Einfühlsamen Zuhören für zukünftige Zuhörerinnen und Mitglieder des Versöhnungs-Komitees, um sie auf eine nicht-polarisierende, urteilsfreie und objektive Art des Zuhörens vorzubereiten, so wie das Projekt sie erfordert (16. Dezember 1999).
- Das erste offizielle Zuhören mit sechs Walfanggegnern und neun trainierten Zuhörerinnen findet in Seattle statt (28. Februar 2000).
- Das zweite offizielle Zuhören, mit vier Befürwortern des Walfangs, zwei mit den Makah verbündeten Anthropologinnen und dem kulturellen Führer eines unterstützenden Stammes (3. April 2000).
- Mehrere aufeinanderfolgende individuelle Gespräche mit einigen Stammesmitgliedern, von denen mehrere den Walfang unterstützen und einer ihn ablehnt, in Begleitung einiger unserer trainierten Zuhörerinnen (Mai und Juni 2000).
- Mehrere aufeinanderfolgende Gespräche direkt vor Ort, mit Walfanggegnern, die sich während der Walfang-Saison in der Nähe des Reservats aufhalten, und mit Walfang-Befürworterinnen im Reservat (Mai und Juni 2000).
- Ein Wochenende: die erste direkte Begegnung zwischen zwei Makah-Walfang-Befürwortern und zwei Walfanggegnerinnen in der Neah-Bucht im Reservat. Das Wochenende beginnt mit einem geselligen Beisammensein beim Lachsessen am Strand und endet mit einer tief gehenden Diskussion darüber, welche Gefühle das Thema Walfang auslöst.

- Fünf Trainingseinheiten im Einfühlsamen Zuhören, an denen Neuankömmlinge teilnehmen, die bei einem der vorherigen Projekte Sprecher gewesen waren, sowie Teilnehmerinnen der jährlichen nordpazifischen Quäkerversammlung und Mitglieder der Port-Angeles-Gemeinde aus der Umgebung der Neah-Bucht. Die Mitglieder der Gemeinde starten daraufhin ein eigenes Projekt zum Einfühlsamen Zuhören, um den Kontakt zu einem anderen Stamm vor Ort, den Lower Elwha S'Klallam, zu verbessern.

Die Durchführung des Projekts

Das Komitee bereitete sich mehrere Monate lang vor, indem alle Mitglieder Texte über das Einfühlsame Zuhören und insbesondere die Arbeit von Gene Knudsen Hoffman studierten. Nachdem sie mehr über die Philosophie und die erforderlichen Fähigkeiten gelernt hatten, besuchten Mitglieder der *Koalition 7. Juli* und einige Unterstützer die Neah-Bucht, um die Perspektive des Makah-Stammes bezüglich des Konfliktes besser zu verstehen. Im Dezember wurde ein Training im Einfühlsamen Zuhören für die zukünftigen Zuhörerinnen organisiert, um sie auf ihre Rolle einzustimmen: Beim Zuhören sollten sie, den jeweiligen Standpunkt des Sprechers akzeptierend, wertungsfrei und ohne Partei zu ergreifen, das Gesagte aufnehmen können. Das Projekt erfolgte in drei Phasen:

1. Zuhören in organisierten und spontanen Begegnungen, die Konfliktparteien werden getrennt voneinander angehört: Die Sprecher der einen und dann die der anderen Seite werden von denselben ausgebildeten Zuhörerinnen in separaten Sitzungen angehört.

2. Das Komitee hat die Möglichkeit, den Parteien den Standpunkt der jeweils anderen Partei mitzuteilen.

3. Anleitung einer direkten Begegnung der Vertreter beider Seiten: Die Teilnehmenden können Kontakt miteinander aufnehmen, die Interessen des jeweiligen Gegenübers kennenlernen und so den Annäherungsprozess fortsetzen.

Hierbei ergab sich als besonderer Vorteil, dass eine Befürworterin des Walfangs sowie zwei Gegner am Training zum Einfühlsamen Zuhören teilgenommen hatten und dadurch noch stärker in das Projekt eingebunden werden konnten.

4. Weitere durch Einfühlsames Zuhören begleitete Gespräche finden in der Neah-Bucht in einer Kirche statt. Dieser Ort wird bewusst gewählt, da die Menschen, die sich für das Projekt oder das Training im Einfühlsamen Zuhören interessieren, einen religiösen oder spirituellen Hintergrund haben.

Wie dieser Prozess zur Versöhnung beitragen konnte

Auslöser des Konfliktes war die Wiederaufnahme des Walfanges durch die Makah. Beide Konfliktparteien fühlen sich in ihrer Position und Perspektive missverstanden und nicht gehört. Die Makah-Stammesmitglieder sehen ihre vertraglichen Rechte sowie ihre körperliche Unversehrtheit bedroht. Die Walfanggegnerinnen fürchten, dass die Fortsetzung des Walfanges durch die Makah möglicherweise dazu beitragen könnte, dass sich der Walfang weltweit stärker ausbreitet und sie damit in ihren Bemühungen, zum Schutz der Wale beizutragen, scheitern.

Viele der Walfanggegner sehen sich als aufgeklärte, offene Menschen, für die allerdings eine absolute Grenze erreicht ist, wenn es um die Jagd und Tötung der pazifischen Grauwale geht. Das Thema ist emotional so aufgeladen, dass einige Menschen sogar Vergleiche mit der *Bewegung gegen Abtreibung – für das Recht auf Leben* anstellen. Das Leben eines Wales wird als genauso wichtig – oder sogar als noch wichtiger – angesehen als das Leben eines Menschen.

Es entsteht der Eindruck eines das Reservat diktatorisch führenden Stammesrates und normalen Stammesmitgliedern, die entweder stille Opfer sind oder getäuscht werden. Es sieht aus, als ob einige wenige sich den Walfang finanziell zunutze machen wollen und dies die eigentliche Motivation für dessen Wiederbelebung ist. Eine andere oft geäußerte Theorie ist, dass die Staatsregierung das Thema „Walfang“ nur benutze, um in einem größeren internationalen Kontext Vorteile zu erzielen. In einer Sitzung von Befürwortern und Gegnerinnen des Walfanges werden einige dieser Ideen erörtert und eine beiderseitige Besorgnis wird zum Ausdruck gebracht.
Möglicherweise wären die Makah bereit, auf das Töten der Wale zu verzichten, wenn sie dadurch auf der anderen Seite etwas gewinnen würden. Ein Sprecher äußert, dass das Reservat doch auf das Straßennetz, Elektrizität, Kabelfernsehen, Tourismus und finanzielle Unterstützung verzichten solle, wenn den Makah ihre Souveränität als Nation oder Stamm so wichtig sei. Überhaupt ist es ein Thema, dass die Walfanggegnerinnen anscheinend besser wissen, was sich wirklich im Reservat abspielt als die Makah selbst.

Obwohl sich die Walfanggegner in ihrem Wunsch, den Walfang verhindern zu wollen, immer einig waren, wird es doch deutlich, dass einige von ihnen die Äußerungen und Handlungsstrategien einiger anderer Walfanggegner ablehnen oder sich zumindest damit nicht wohlfühlen. Die Zuhörerinnen bemerken, dass einige Äußerungen seitens der Walfanggegner einen rassistischen, fanatischen und selbstbezogenen Beiklang haben, der auch von den anderen anwesenden Sprechern der Gruppe wahrgenommen wird. Zwei Einzelpersonen aus dieser Gruppe beteiligen sich nun daran, neue Wege zur friedlicheren Beilegung des Streites zu finden, ohne jedoch ihr Ziel, den Walfang zu verhindern, fallen zu lassen.

Alle Makah, mit denen wir sprechen, stellen ihre Forderung nach Anerkennung ihrer vertraglich verbrieften Rechte über ihre individuelle Position zum Walfang. Sie haben sich also entschieden, sich der Position anzupassen, die der Stamm als Gesamtheit vertritt. Diejenigen, die persönlich gegen den Walfang sind, (und einige der Befürworter) denken, dass es sowohl ihren vertraglich verbrieften Rechten wie auch der Stammessouveränität schaden könne, die Unterstützung der US-Regierung in Anspruch zu

nehmen, um eine Bewilligung seitens der Internationalen Walfang-Kommission zu erlangen.
Es herrscht großer Stolz auf die Tradition und auf die Ausbeute des diesjährigen Walfanges. Die Makah, die den Walfang vehement unterstützen, berufen sich zumeist auf kulturelle und spirituelle Traditionen sowie darauf, dass die Jagd zum Lebensunterhalt beiträgt. Für andere Stammesmitglieder sind dies keine ausreichenden Gründe für die Jagd. Sie fragen sich, ob die angewendeten Jagdmethoden traditionell genug und die Motivation der Walfänger ausschließlich spiritueller Natur sind und ob Walfleisch für die Ernährung der Makah tatsächlich wichtig und notwendig ist.

In einer sicheren Umgebung aus dem Herzen zu sprechen kann Frustrationen abbauen und dazu befähigen, die eigenen Ansichten aus einer positiveren, weniger auf Abwehr ausgerichteten Haltung heraus zu formulieren. Damit steht ein weiteres Modell der Konfliktbewältigung zur Verfügung, um Angelegenheiten, die das ganze Gemeinwesen betreffen, zu klären. Die Menschen kommen mit ihren Gegnerinnen in einen Dialog und können so die Einstellung der Gegenseite besser verstehen, weil ihnen mehr Informationen über die diskutierten Themen zur Verfügung stehen. Neue Erkenntnisse und persönliche Verbindungen erhöhen die Einfühlung und die Wertschätzung für den Standpunkt der anderen. So lassen sich Einstellungen verändern und an die Stelle eskalierender Abwehr und Feindseligkeit tritt Versöhnung. Die Anzahl von Menschen mit gemäßigter Position nimmt zu, und Extremisten werden zunehmend isoliert und verlieren in ihrem Gemeinwesen an Einfluss.

Der Versuch, mit Hilfe des Einfühlsamen Zuhörens Brücken zwischen den Ureinwohnern Amerikas und nicht-indianischen Einwohnern zu schlagen, ist ein Erfolg versprechender Ansatz. Unsere Sprecherinnen und ausgebildeten Zuhörer sind sich darin einig, dass es hier ein großes Entwicklungspotenzial gibt. Praktisch alle Stammesgemeinschaften haben Schwierigkeiten irgendwelcher Art mit ihren Nachbargemeinden, und das Einfühlsame Zuhören könnte ein nützliches Hilfsmittel sein, hier etwas zu verändern. Wir sehen dieses Projekt, ebenso wie das Projekt *Einfühlsam Zuhören Port Angeles/Lower Elwha Tribe* als geeignete Pilotprojekte an, die zeigen, wie sich die Beziehungen in Gemeinden verbessern lassen.

Zum Abschluss

In unserem Bundesstaat eskalierte vor Kurzem eine Auseinandersetzung über Jagdbestimmungen zwischen indianischen und nicht-indianischen Jägern und es kam zu Feindseligkeiten und Gewaltanwendung. Auf Anfrage von Stammesmitgliedern wurde ein Treffen von gemäßigten Vertretern beider Seiten einberufen. Um die zu erwartenden Fragen zu beantworten, wurden einige Staatsrepräsentantinnen ebenfalls um Teilnahme gebeten. Die nicht-indianischen Jäger hatten sich vorher gründlich über die Bedeutung der Jagd in der kulturellen und religiösen Tradition der Stämme informiert. Dies erwies sich als entscheidender Faktor für den Erfolg des Treffens. In dem Maße, wie beide Gruppen ihre Differenzen zu bereinigen begannen und Kompromisse anboten, verloren die nicht-indianischen Extremisten an Unterstützung und Einfluss in ihrer Gemeinde und es kam zu keiner weiteren Androhung oder Anwendung von Gewalt.

Kontakt:

Jeff Smith
American Friends Service Committee
814 NE 40th St.
Seattle, WA 98105
USA
Tel./Fax: 001-206-632 0500
jsmith@afsc.org

12. Stimme für den Frieden: RSVP – ein Projekt aus den ländlichen Südstaatengebieten der USA[14]

Jedes menschliche Wesen ist ein sich selbst entfaltendes Wunder, doch auf unserem Weg machen wir alle Erfahrungen, die uns dann wütend, verwirrt, ängstlich oder ohnmächtig zurücklassen. Diese Erfahrungen sind die Samen von Hass, Ungerechtigkeit und Konflikt. Tiefes Zuhören weicht diesen Erfahrungen nicht aus. Es begegnet ihnen mit Einfühlung und Mitgefühl, sodass die betroffenen Menschen beginnen können, ihre Ängste loszulassen und sich ihrem Innersten zuzuwenden, der Essenz ihrer Menschlichkeit, in der wir das wirkliche Potenzial für Gerechtigkeit und Liebe finden. – Herb Walters, Gründer von RSVP

Projekte auf der Basis des Zuhörens sind für mich ein zentraler Bestandteil der Entwicklung eines Gemeinwesens. Durch das direkte Engagement und den Enthusiasmus von Einwohnerinnen konnten Gemeinden sich weiterentwickeln. Barrieren wurden durchbrochen, Partnerschaften geschaffen und Fähigkeiten ausgebildet. – Tom Fischer, Tallahassee, Florida

Für die Arbeit unseres Friedensteams ist das Compassionate Listening Project von zentraler Wichtigkeit. Wir arbeiten in Gemeinden, die durch ethnische Trennung und Hass gespalten sind. Der von uns eingeleitete Dialog zwischen katholischen Kroaten und orthodoxen Serbinnen befähigt frühere Feinde, sich im Herzen voneinander berühren zu lassen. – Lidija Obad, Kroatien

Projekte auf der Basis des Zuhörens und des Dialogs[15]

Das Projekt Zuhören, 1981 von Herb Walters gegründet, bietet strukturierende Hilfsmittel für den gewaltfreien sozialen Wandel an. Es eignet sich besonders für Gemeinden, in denen es wegen Konflikten oder mangelnder Mitbestimmung schwierig ist, sich für Frieden, Gerechtigkeit oder den Schutz der Umwelt einzusetzen. Die Projekte nutzen ausgebildete Freiwillige, um Einzelinterviews durchzuführen, in denen lokale und manchmal nationale oder internationale Streitfragen angesprochen werden. Die Interviewer hören intensiv und konzentriert zu und verwenden Zeit darauf, Vertrauen aufzubauen, damit die interviewten Menschen tiefer mit ihren Ängsten, Verletzungen, Hoffnungen, Bedürfnissen, Gefühlen und Ideen Verbindung aufnehmen können. Dieser auf Herzenskommunikation basierende Prozess hilft, Fehlinfor-

14 Engl: Rural Southern Voices for Peace, kurz RSVP.
15 Auszug aus RSVP-Materialien.

mationen und stereotype Äußerungen zu verringern und öffnet neue Kanäle für Kommunikation und Bildung. Er hilft, gemeinwesenorientierte Strategien und Änderungsprogramme zu entwickeln. Sobald Bürgerinnen und Bürger zu verstehen beginnen, dass ihre Gefühle, Meinungen und Handlungen etwas bewirken können, reagieren sie mit Engagement. Einige bieten kreative Ideen und Lösungen an, andere unternehmen den nächsten Schritt, werden aktiv und übernehmen Leitungsfunktionen. Das Projekt *Zuhören* findet dann seine Fortsetzung als umfassender, die Gemeinde organisierender Prozess, der das Input und die Leitungskompetenz der Bürger nutzt. Die aus den Interviews gewonnenen Informationen bilden die Grundlage für Bürgerbeteiligung, Veränderung der Gemeinde und sozialen Wandel.

Diese auf dem Zuhören basierenden Projekte erfordern eine umfassende Planung und intensives Training, sodass es zwischen sechs Monaten bis zu einem Jahr dauern kann, sie erfolgreich abzuschließen.

RSVP-Projekte

In **Harlan County, Kentucky**, konnte ein auf Zuhören basierendes Projekt Bürgerinnen in ihrer Initiative gegen den Giftmüll (*Concerned Citizens Against Toxic Waste,* kurz CCATW) bestärken, der das Grundwasser vergiftete.
In **Baton Rouge, Louisiana**, fanden Bürgerrechts-Aktivisten durch ein vergleichbares Projekt zum Thema Rassendiskriminierung unerwartete Unterstützung in einer Gemeinde, die vorher einen Mann gewählt hatte, der Nazi und Mitglied im Ku-Klux-Klan war.
In **North Carolina** wurden durch Zuhören und einen angeleiteten Dialog zum Thema religiöse Intoleranz gegenüber Homosexuellen Mauern aus Hass, Angst und Schweigen durchbrochen.
In **St. Marys, Georgia**, konnten gegen Nuklearwaffen demonstrierende Friedensaktivistinnen, die vorher als „nicht zugehörige Agitatoren“ galten, eine gemeinsame Basis innerhalb der Gemeinde schaffen. Sie wurden von den Gemeindemitgliedern und sogar von einigen Angestellten der Militärbasis in ihrem Protest unterstützt.
In **Keysville, Georgia**, half das gezielte Zuhören den afroamerikanischen Organisatorinnen des Projektes, Rassenkonflikte und Apathie in der Bevölkerung zu reduzieren, sodass die Kampagnen für sauberes Wasser, Alphabetisierung und Gesundheitsdienste nicht weiter behindert wurden.

Ich denke, wir hätten das ohne die Hilfe eines auf das Zuhören konzentrierten Projektes nicht leisten können. Ich glaube, das Projekt spielte eine positive Rolle dabei, den Kommunikationsprozess zu initiieren und verhalf uns zu gegenseitigem Verständnis. So konnten wir überlegen, wie wir zusammenarbeiten wollten. – Emma Gresham, Bürgermeisterin von Keysville, in der Zeitung *Atlanta Constitution*

RSVP bildete auch Zuhörer in Asien, Europa, Zentralamerika und anderen Konfliktzonen der Welt aus. Im August 1992 konnte ein solches Projekt ethnische Spannungen zwischen Serbinnen und Moslems in dem serbischen Dorf **Brestovac** reduzieren. In der **ostslawonischen Region** von Kroatien machte das *Zentrum für Frieden, Gewaltfreiheit und Menschenrechte* die auf dem Zuhören basierende Projektarbeit zur Grundlage ihrer erfolgreichen Versöhnungsarbeit in sechs durch den Krieg ethnisch gespaltenen Gemeinden. Friedensteams von vier bis sechs Mitgliedern pro Gemeinde organisierten die Projekte, um positive Beziehungen aufzubauen und erfolgreiche Konzepte für mehr Frieden und eine bessere Gemeindeentwicklung zu entwerfen.

Es war bemerkenswert. Ich sprach mit einem Mann, der einer der entschiedensten Widersacher der Moslems in Brestovac gewesen war. Und nachdem ich ihm wirklich zugehört hatte, war er bereit, friedensstiftende Maßnahmen zu unterstützen. – Ildiko Erdei, Pancevo Friedensbewegung

Der von RSVP konzipierte **geleitete Dialog** basiert auf denselben Prinzipien wie die auf Zuhören aufgebauten Projekte: Die Arbeit konzentriert sich jedoch nicht auf das Zuhören in Einzelinterviews, sondern auf das Zuhören in **kleinen Gruppen**, deren Mitglieder unterschiedliche oder sich widersprechende Ansichten vertreten. Ausgebildete Gruppenleiterinnen, schriftlich festgelegte Richtlinien und andere Strukturen schaffen eine Kommunikationsumgebung, die auf Einfühlung, konzentriertem Zuhören und gegenseitiger Achtung beruht.

Kontakt:

Rural Southern Voices for Peace,
1898 Hannah Branch Rd.
Burnsville, North Carolina, 28714
USA
Tel: 001-828-675 5933
eMail: rsvp028714@yahoo.com

13. Die jüdisch-palästinensischen Wohnzimmerdialoggruppen

(von den Organisatorinnen der jüdisch-palästinensischen Wohnzimmerdialoggruppe)

Es gibt viele Dinge, wie z.B. die Ratifizierung und Umsetzung von Verträgen, die nur Regierungen, nicht aber normalen Menschen, möglich sind. Aber Verträge sind nur lebloses Papier. Was Bürger tun können ist, die Natur von Beziehungen zu verändern. – Lionel Traubman

Juden und Palästinenserinnen, die hier leben, unterscheiden sich von denen, die dort leben, wo es so viel Spannung gibt. Aber wenigstens tun wir etwas. Ich sage, gebt die Hoffnung nicht auf. Es gibt immer Hoffnung. – Nahida Salem

Wir sind 30 amerikanische Staatsbürgerinnen. Zu uns gehören sowohl Holocaustüberlebende wie auch Palästinenser, deren Ahnen über viele Generationen in Palästina lebten. Wir konnten erleben, wie ein Gespräch von Angesicht zu Angesicht Menschen verändert. Als uns bewusst wurde, dass die Regierung und auch die Bürgerinnen der USA die Ereignisse im Nahen und Mittleren Osten beeinflussen, wollten wir diese globale Erfahrung für unsere Gemeinde nutzen.

Im Frühjahr 2002 bereitete sich die seit neun Jahren bestehende *jüdisch-palästinensische Wohnzimmerdialoggruppe* aus dem Kreis San Mateo, Kalifornien, auf ihr 123. Treffen vor. Was folgt ist ein kleiner Einblick in die Erfahrungen einiger Teilnehmer – Erfahrungen von Bürgern, die glauben, dass auch der Einzelne etwas bewirken kann.

Dialog zwischen Palästinenserinnen und Juden – Fragen, die häufig gestellt werden

Was bedeutet Dialog?

Das Ziel eines echten Dialoges ist, die Natur von Beziehungen zu verändern. Dialog bedeutet nicht Diskussion, Debatte oder Konfliktbewältigung. Durch Einfühlsames Zuhören eingeleitet, öffnet der Dialog ein Fenster zu den ureigensten Gedanken, Ideen und Herzensangelegenheiten jedes Einzelnen und gewährt dem Gegenüber einen Blick auf die Lebenserfahrung, die Denkweise und auf die Menschlichkeit des anderen. Mit den neuen und vielfältigen Ideen, die im Kontakt entstehen, können sich widersprüchliche Meinungen in einer Atmosphäre des Wohlwollens zusammenfügen. So kann eine neue soziale Intelligenz entstehen, die dem Wohle aller dient. (mehr zum Thema Dialog unter http://traubman.igc.org/dg-prog.htm).

Was motivierte euch?

Aufgrund unserer Erfahrung, dass tragfähige persönliche Beziehungen unersetzbar sind, gründeten wir im Juli 1992 eine Dialoggruppe. Die Friedensbemühungen der Regierungen scheiterten immer wieder. Die wenigsten Jüdinnen und Palästinenser hatten bislang echte Beziehungen zu Menschen der jeweils anderen Gruppe oder hatten je etwas anderes als ihre eigenen Erzählungen und Geschichten gehört. Entscheidungen – und zwar meisten schlechte Entscheidungen – wurden auf der Basis von stereotypen Vorstellungen, Halbwahrheiten und Ignoranz getroffen. Kreative Lösungen zu finden, Vorurteile zu korrigieren und zuverlässige Informationsquellen zu erschließen, diese Aufgaben konnten nicht allein von Regierungsseite übernommen werden. Es brauchte die Unterstützung aktiver Bürgerinnen, um im aufrichtigen Dialog einander eines der größten Geschenke zu machen, zu dem die Liebe fähig ist: einfühlsam zuzuhören.

Wie habt ihr angefangen?

Am Anfang gab es nur eine Idee. Dann fanden wir einen palästinensischen Partner, und gemeinsam gelang es uns, genug Frauen und Männer für ein erstes Treffen zu versammeln: Acht bis zehn Juden und Palästinenserinnen, die bereit waren, gleich anzufangen, und einige „Gäste". Wir riefen Bekannte an und sprachen mit völlig Fremden. Wir gingen einfach in Geschäfte und stellten uns vor. Menschen, die ihr Interesse bekundeten, sprachen wir wieder und wieder an, bis sie schließlich „Nein" sagten oder durch die Eingangstür mitten in die Dialogerfahrung hineinspazierten.

Mit der Zeit ergab es sich, dass palästinensische und jüdische Teilnehmer ihre eigenen Wohnzimmer für die monatlichen Treffen öffneten und wir begrenzten die Teilnehmerzahl auf maximal 30. Wenn Gruppen neu anfangen, hat es sich als hilfreich erwiesen, als Starthilfe einige Teilnehmer einer bereits etablierten Gruppe einzuladen.

Was ist mit Menschen, die weder jüdisch noch Palästinenser sind?

Diese „Gäste", so bezeichnen sie sich, haben viel zum Gelingen beigetragen. Sie mäßigen, fördern und katalysieren den Dialog. Ihre Unterstützung ist ein enorm wichtiger Beitrag.

Was habt ihr bei eurem ersten Treffen getan?

Wir haben uns gegenseitig vorgestellt, und zwar viele Male. Wir hörten unsere jeweilige persönliche Geschichte und unsere Lebensanschauung an und fanden zu immer tieferen Ebenen des Verstehens. Einige unter uns waren eher still, vorsichtig und darauf bedacht, sich zu schützen. Andere setzten sich in teilweise extremer Weise durch, hielten an ihrem Zorn und ihren Verletzungen fest und waren dadurch unfähig, anderen zuzuhören oder sich auf etwas anderes als ihr eigenes Anliegen und ihre Sichtweise zu konzentrieren. Ein gemeinsames Interesse teilten wir mit Sicherheit alle: das Essen.

Gibt es eine Gruppenleitung?

Nach mehreren Treffen beschlossen wir einstimmig, eine Gruppenleitung einzusetzen. In unserem Fall stellte sich ein Rechtsanwalt und Mediator, der weder Palästinenser noch Jude war, freiwillig zur Verfügung. Er erwies sich als exzellent und manchmal eines Löwenbändigers ebenbürtig und hat entscheidenden Anteil am Erfolg unserer andauernden Bestrebungen. Vor der Bestimmung eines Gruppenleiters trafen wir innerhalb der Gruppe Vereinbarungen über bevorzugte Zeiten und Treffpunkte und stellten einige Regeln auf in Bezug auf Pünktlichkeit, Zuhören und erwünschtes Verhalten (Letzteres meint: „Sich nicht gegenseitig ins Wort fallen“).

Wie war der Umgangston beim ersten Treffen?

Erste Treffen können sowohl höflich als auch konfrontativ verlaufen. Jede Gruppe ist wie eine eigene Persönlichkeit und hat ihr eigenes Wesen. Wenn Menschen ihre Geschichte über Jahre hinweg zurückgehalten haben und sich danach sehnen, endlich gehört zu werden, ist es besonders wichtig zuzulassen, dass sie sich auch mit lauten und aufbrausenden Äußerungen Luft machen. Hier beginnt für die anderen der Lernprozess im tiefen Zuhören.

Wie viel Verbindlichkeit braucht man?

Ein tief gehender Dialog ist ein nachhaltiger Dialog. Er entsteht im Prozess und braucht Hingabe und Zeit. Ein erfüllter Dialog kann keine Eintagsfliege sein oder ein kurzzeitiges Hobby. Echter Dialog muss die Menschen beanspruchen. Eine tiefe Verbindlichkeit untereinander und auch dem Prozess gegenüber ist, wie in jeder anderen Beziehung auch, wichtig.

Warum treten Menschen aus einer Dialoggruppe wieder aus?

Menschen beteiligen sich zunächst aus unterschiedlichen Gründen. Einige sind hauptsächlich prozessorientiert und würden gerne ausschließlich reden, andere wollen kollektiv in Aktion treten und politisch Stellung beziehen. Unserer Erfahrung nach kamen und gingen Menschen, vor allem in den Anfängen, aus Desinteresse oder Ungeduld oder weil sie einfach zu beschäftigt waren und nicht daran glaubten, dass diese Arbeit etwas bewirken könne. Einige befürchteten, die Kritik ihrer eigenen kulturellen, religiösen oder spirituellen Gemeinschaft auf sich zu ziehen. Einige konnten lediglich ihren eigenen Erzählungen zuhören und sich darüber hinaus nicht öffnen. Manche suchten schlicht und einfach Verbündete in eigener Sache. Mit der Zeit jedoch kristallisierte sich ein fester und beständiger Kern heraus. Im Verlauf der Zeit haben immer wieder Einzelne beschlossen, die Gruppe zu verlassen, und andere kamen hinzu, um voller Wertschätzung und Begeisterung mitzumachen.

Welchen Einfluss hat die Dialoggruppe auf die Menschen und auf politische Gegebenheiten?

Wenn wir wechselseitig unsere Geschichten anhören, erweitern wir unsere Identifikation. Wir betrachten uns alle als Menschen und sehen unsere Gleichwertigkeit. Indem wir sehen, dass wir eins sind und doch verschieden, beginnen wir, dass Beste füreinander zu wollen. Wir merken, wie unentwirrbar wir miteinander verbunden und wie abhängig voneinander wir sind – Nachbarn für immer. Wenn immer mehr Bürgerinnen beginnen, diese Erfahrung zuzulassen, wird damit der Boden bereitet, auf dem der von der Regierung initiierte Friedensprozess wachsen und sich vollenden kann.

Wie beeinflussen Dialoggruppen in Nordamerika den israelisch-palästinensischen Konflikt?

Durch den diplomatischen, militärischen und ökonomischen Einfluss unserer Regierung können auch wir die Lage im Nahen Osten beeinflussen. Da wir einen größeren Abstand zum emotionalen Brennpunkt des Geschehens haben, kann unser Beitrag in wertvollen Wahrnehmungen oder sogar Weisheit bestehen. Vielleicht ist es auch unsere Tradition der Freiheit und Kreativität, die uns neue Modelle des Denkens und des Umgangs miteinander entwerfen lässt. Viele von uns haben Familie und Freunde in Israel/Palästina, deren Denken und geistige Einstellung wir mit neuen Impulsen unterstützen können, vor allem mit den Mitteln Telefon, E-Mail oder Internet.

Welche Bedeutung hat Handeln in einem Dialog?

Die Handlung, die wir im Dialog vollziehen, besteht darin, dass wir Beziehungen aufbauen und den Kreis der Menschen erweitern, die diesen Dialog weiterführen.

Was ist mit Menschen, die politischen Aktivismus vorziehen?

Es kann sein, dass Einzelne sich der größeren Zusammenhänge wegen dafür entscheiden, sich in anderer Weise und in einer größeren Öffentlichkeit zu äußern. Der wirkliche „Aktivismus“ besteht jedoch in der Ausweitung eines Netzwerkes von Beziehungen, in dem frühere Gegnerinnen sich anders als zuvor identifizieren und beginnen, sich gegenseitig das Beste zu wünschen. Dadurch erhöht sich die Aussicht, dass politische Verhandlungsresultate, die beiden Völkern gleichermaßen nutzen, auch erfolgreich umgesetzt werden können. Andere Formen des Ausdrucks und der Stellungnahme sind ebenfalls wichtig, aber sie korrigieren keine Vorurteile und grundlegende Voreingenommenheit. Aber genau dies ist die Aufgabe des Dialoges.

Kann ein Teilnehmer der Dialoggruppe eine Gruppierung oder Institution vertreten?

Jeder Teilnehmer tritt in den Dialog als Einzelperson ein und spricht allein für sich, ohne eine Verpflichtung anderen Menschen oder einer Gruppe gegenüber. Ist jemand abhängig von den Einstellungen, Interessen oder Urteilen eines Kollektivs, nimmt ihm das die Freiheit, authentisch und als Individuum an der Gruppe teilzunehmen. Es hilft der Gruppenleitung, wenn Menschen offen und ehrlich hinsichtlich einer Gruppenzugehörigkeit sind – und im Dialog ihr Bestes geben.

Wann habt ihr euch das erste Mal an eine breitere Öffentlichkeit gewandt?

Bis vor eineinhalb Jahren sind wir mit unserem Projekt nicht öffentlich in Erscheinung getreten, weil wir bis dahin nicht das Gefühl hatten, wir hätten etwas mitzuteilen. Wir brauchten Zeit, um Vertrauen aufzubauen und zu lernen, um unser öffentliches Auftreten überhaupt sinnvoll und Erfolg versprechend gestalten zu können. Eine verfrühte Aktion hätte in dem Prozess, durch den Aufbau von Beziehungen Frieden herzustellen, wichtige Schritte übersprungen. (Siehe http://traubman.igc.org/dg-prog.htm)

Wie geht ihr mit Krisen um?

Wenn die Völker, denen die Gruppenmitglieder entstammen, und deren Regierungen sich mit großen Herausforderungen konfrontiert sehen – Gewalt, Chaos und Unruhe –, ist es das Wichtigste, füreinander da zu sein. Zieht euch nicht voneinander zurück. Eure Hoffnungen und Erwartungen haben sich vielleicht nicht erfüllt, aber es ist besser, euch jetzt in eurer Menschlichkeit zu begegnen, in Schmerz und Hoffnung gleichermaßen, und damit den Kreis der Menschen auszuweiten, die einen Weg zueinander finden, anstatt zuzulassen, dass beide Völker, in Amerika wie im Nahen Osten, sich durch ihre stereotypen Vorstellungen manipulieren und paralysieren lassen.

Zum Abschluss

Im Juli 1992 luden wir, im Rahmen eines umfassenderen öffentlichen Friedensprozesses auf der San-Francisco-Halbinsel, amerikanische Palästinenserinnen und Juden ein, gemeinsam einen langfristigen Dialog zu eröffnen, um Gemeinsamkeiten zu entdecken und so bessere Voraussetzungen für eine Versöhnung hier in Amerika zu schaffen.

Heute sind wir etwa 20 Palästinenser und Jüdinnen und zehn „Gäste". Die Gruppe hat sich immer wieder verändert, und viele, die die Gruppe wieder verlassen haben, nahmen die dort gemachten Erfahrungen mit.

2001, nach 104 Treffen und acht Jahren des Bestehens, sind wir einen gemeinsamen Weg gegangen, von Vorsicht zu Aufrichtigkeit, von Entfremdung zu Vertrautheit, von Unwissen zum Verständnis und von Konfrontation zur Zusammenarbeit.

Als Ergebnis unserer Begegnung haben wir ...

- etwas gelernt über Zuhören, Integrität, Ausdauer und Hingabe.
- gemeinsam Briefe geschrieben an führende Persönlichkeiten in den Vereinigten Staaten und im Nahen Osten, u.a. an über 90 Menschen in leitender und meinungsbildender Position in Washington DC. Um die Endfassungen dieser Briefe wurde intensiv gerungen. In diesem Prozess gab es Konflikte, Dialoge und schließlich Zustimmung, sodass wir alle unsere Unterschrift darunter setzen konnten.
- gemeinsam die Synagoge besucht und eine Ausstellung moderner palästinensischer Kunst in einer Kirche organisiert.
- mit einem Informationsstand an unseren örtlichen palästinensischen Kulturtagen teilgenommen, um dort zu informieren und weitere Palästinenserinnen zu unserer Gruppe einzuladen.
- öffentliche Einführungsveranstaltungen für neue Interessentinnen durchgeführt. Hierzu luden wir in der Regel 50 bis 80 Menschen ein, an runden Tischen zusammenzusitzen und sich bei hausgemachten palästinensischen und jüdischen Delikatessen miteinander bekannt zu machen. Einige aus unserer Gruppe sprachen über ihre persönlichen Erfahrungen in der Dialoggruppe. Danach erhielten die Gäste Gelegenheit, an ihren Tischen in einen von uns begleiteten Dialog einzutreten.
- dem örtlichen israelischen Konsulat auf dessen Einladung hin bei einer neuen Initiative geholfen und die Organisation jüdisch-palästinensischer Kulturveranstaltungen unterstützt.
- 1.300 Dollar in bar und 20.000 Dollar in Form von medizinischer Ausrüstung an zwei Krankenhäuser im Gazastreifen und in West-Jerusalem geschickt.
- geholfen, drei neue Dialoggruppen in der San-Francisco-Bay-Region zu etablieren.
- in einer lokalen Fernseh-Talkshow ein ca. 30-minütiges Interview gegeben, in dem es um die Geschichte, Grundsätze und Aktivitäten unserer Dialoggruppe sowie des öffentlichen Friedensprozesses ging.

- 10.000 Dollar gesammelt für schlecht ausgestattete Schulen in Netanya (Israel) und Ramallah (Palästina). Die beteiligten Lehrerkollegien gründeten daraufhin eine eigene Dialoggruppe, um in einen persönlichen Austausch zu kommen.
- Teile der finanziellen Mittel aufgebracht für eine Veranstaltung zur Weiterbildung und zur finanziellen Unterstützung von New Shalom/Wahat al-Salam („Oase des Friedens"), einem Modelldorf, in dem Jüdinnen und Palästinenser gemeinsam leben und lernen (200 Teilnehmerinnen).
- Leitartikel zu „Pessach und Frieden", „Eine gemeinsame Zukunft aufbauen" und „Ein fehlender Schritt im Friedensprozess" in wichtigen Zeitungen in größeren Städten veröffentlicht.
- ein Dinner mit dem Thema „Eine gemeinsame Zukunft aufbauen" in der Nähe von San Francisco gefördert. 420 jüdische und palästinensische Amerikaner und weitere Gäste nahmen teil. Das Dinner sollte den Charakter der Beziehungen zueinander verändern und so den öffentlichen Friedensprozess zu stärken. Etwa 100 Teilnehmerinnen kündigten an, dass sie den Dialog in kleinen Gruppen bei gemeinsamen Mahlzeiten im eigenen Haus fortsetzen wollten.
- ein Interview aufgenommen für die internationale Ausstrahlung von *Inoffizielle Kanäle – Dialog für den Frieden im Nahen Osten* vom nationalen Radioprojekt.
- einen Gastsprecher zur Verfügung gestellt, um an der Universität von Santa Cruz einen ersten „Jüdisch-palästinensischen Dialog-Workshop" für Studentinnen durchzuführen.
- mitgeholfen, Oberschulklassen zu unterrichten und über den jüdisch-palästinensischen Konflikt zu informieren und über den Wert des Dialoges im öffentlichen Friedensprozess.
- einen Workshop über Dialog, Trialog und Konfliktbewältigung für „künftige Leitungsfiguren der jüdischen Gemeinde" im Teenageralter durchgeführt.
- einen dem Thema Frieden gewidmeten Sabbatgottesdienst in der Synagoge mitgestaltet durch ein jüdisch-palästinensisches Dinner, Gebete, Ausstellungen und kleinere Wortbeiträge.
- 1998 das jüdische Filmfestival in San Francisco bei der Öffentlichkeitsarbeit für die Aufführung der nordamerikanischen Premiere von „Al Nakba – die palästinensische Katastrophe 1948" unterstützt.
- ein „Essen- und Lernen"-Programm für das Montefiore Seniorenheim des jüdischen Gemeindezentrums ermöglicht.
- dem *YES!*-Magazin geholfen, einen Artikel über die Wohnzimmerdialoggruppen zu veröffentlichen.
- einen Quilt-Workshop abgehalten, um Vierecke herzustellen für den „Quilt für Frieden im Nahen Osten" von Elisabeth Shefrin, einer Textilkünstlerin aus Vancouver, Kanada, die „Nähen für soziale Veränderung" lehrt.
- gemeinsam mit dem World Affairs Council (Weltgeschäftsbeirat) eine öffentliche Präsentation mit dem Knessetmitglied Dr. Jossi Beilin und dem palästinensischen Führer Faisal al-Husseini finanziert (350 Teilnehmer).

- dem Projekt *Planetary Dialogues* ein Interview über unseren palästinensisch-jüdischen Dialogprozess im Internet zur Verfügung gestellt.
- das erste Gesamttreffen aller jüdisch-palästinensischen Wohnzimmerdialoggruppen in der San-Francisco-Bay-Region finanziert und durchgeführt.
- 1999 als Gastsprecher an der Konferenz „Dialog ist Handlung" an der Abteilung für multikulturelle Erziehung der Stanford University teilgenommen.
- Spenderinnen darin unterstützt, Projekte zu finden, deren Zielsetzung es ist, Palästinenser und Jüdinnen im Dialog und in Aktivitäten, die Feinde in Partner verwandeln, zusammenzubringen.
- Dialogleitlinien und Ideen zur Förderung von Beziehungen an mehr als 800 Einzelpersonen versandt, darunter Menschen aus 520 Institutionen, 350 Städten, 38 Bundesstaaten und 29 Ländern.
- das Internet genutzt, um ermutigende Nachrichten über erfolgreich verlaufende Projekte palästinensisch-jüdischer Zusammenarbeit in den USA und im Nahen Osten zu verbreiten.
- ein Frühlingsessen unter dem Titel „Eine Feier der Freiheit für alle Kinder Abrahams, Hagars und Sarahs" organisiert.
- an Highschools und Universitäten Materialien für Studierende und persönliche Interviews über Prinzipien und Ergebnisse zum Thema „Beziehungsbildung in Gemeinden" angeboten.
- im Mai 2000 das dritte jährlich stattfindende jüdisch-palästinensische Dinner mit Musik und Tanz aus beiden Kulturen gefeiert.
- in San Francisco mitgeholfen, eine neue Dialoggruppe ins Leben zu rufen und zwei Jahre später zusammen mit dem jüdischen Gemeindezentrum einen Abendempfang für 100 arabische und jüdische Gäste gegeben.
- im Herbst 2000 beim Ausbruch der zweiten Intifada Presse-Interviews in lokalen Zeitungen, Radio, Fernsehen, CNN und im kanadischen Radio gegeben, um alternative Wege des Denkens und Umgangs miteinander ins Bewusstsein zu bringen.
- trotz der anhaltenden Gewalt im Nahen Osten einer neuen Dialoggruppe im Silicon Valley Starthilfe gegeben.
- dem Radioprogramm des *Christian Science Sentinel* bei einer Sendung zum Thema „Gemeinsame Grundlagen für den Aufbau des Friedens im Nahen Osten" geholfen.
- im November 2000 eine Gastsprecherin zur Verfügung gestellt für das „Teenagerforum Naher Osten", durchgeführt vom jüdischen Gemeindezentrum in San Francisco. Die Initiative reagierte auf die Nachfrage junger Menschen, die den Wunsch geäußert hatten, ihren Horizont zu erweitern.
- eine Rede gehalten im Gemeindeforum „Zusammenkommen, um die Kluft von Rassenunterschieden zu überbrücken". Das Forum wurde teilfinanziert von der nationalen Vereinigung für Bildung.

Kontakt:

Jewish/Palestinian Living Room Dialogue Group
(Jüdisch-palästinensische Wohnzimmerdialoggruppe)
1448 Cedarwood Drive
San Mateo, CA 94403
USA
Tel: 001–650–574 8303 Fax: 001–650–573 1217
LTRAUBMAN@igc.org
http://traubman.igc.org/dg-prog.htm

14. Die Wunden des Holocaust und des Zweiten Weltkrieges heilen *(von Andrea S. Cohen)*

Das jüdisch-deutsche Projekt „Einfühlsam Zuhören“ wurde von Leah Green, Geschäftsführerin des *Compassionate Listening Project,* und von Beate Ronnefeldt, einer deutschen Trainerin für Gewaltfreie Kommunikation nach Marshall Rosenberg, gegründet. Den Impuls dazu gab eine Begegnung auf einer Konferenz, bei der beide das Heilungspotenzial erleben konnten, das von jüdisch-deutscher Versöhnung ausgeht.

Beim ersten Durchlauf des Projektes war ich Mitglied des Leitungsteams und hatte damals nicht die geringste Ahnung, wie sehr mich das Projekt berühren würde. Ich hätte nie gedacht, dass es mich am Ende in die intensivste innere Arbeit führen würde, die ich jemals erlebt habe.

Zur Teilnahme gehört Mut

„Je mehr ich wirklich weiß und an mich heranlasse, was geschah, zu welchen Grausamkeiten wir als Menschen fähig sind, desto mehr bin ich aufgefordert, das unermessliche Leid zu betrauern, das ich nie wirklich werde verstehen können. Und ich muss mich auch meiner eigenen Gewaltbereitschaft stellen, meiner Fähigkeit, das Leiden anderer nicht wahrzunehmen.“ – Gail Rosen, Teilnehmerin aus den USA

An einem wunderschönen Septembertag im Jahr 2002 trafen sich 34 jüdische Amerikanerinnen und Deutsche nicht-jüdischen Glaubens in der Gemeinschaft Lebensgarten in Steyerberg bei Hannover, um an dem ersten jüdisch-deutschen Projekt *Einfühlsam Zuhören* teilzunehmen. Ein Jahr später, im Oktober, ging eine andere Gruppe genauso mutiger Menschen den gleichen Weg. Viele Jüdinnen wagten es mit dieser Reise das erste Mal, einen Fuß auf deutschen Boden zu setzen. Und für einige Deutsche war dies die erste persönliche Begegnung mit jüdischen Menschen und einer „lebendigen“ jüdischen Kultur.

Das Alter der teilnehmenden Männer und Frauen reichte von Ende 20 bis Anfang 70. Einige hatten persönliche Erinnerungen an den Krieg. Andere waren durch die Tragödie eines von einer Generation zur nächsten weitergegebenen Schweigens in der Familie betroffen. So lebten sie mit den stummen Geistern einer Vergangenheit, die nicht offen zu erkennen waren und dennoch jeden Aspekt des eigenen Lebens durchzogen.

Jede Person brachte ein unterschiedliches Puzzlestück ans Licht, das angesehen und mit dem gerungen wurde. In der Gruppe waren jüdische Menschen, die ihre Angehörigen verloren hatten, Kinder von Nazi-Tätern und Menschen, die zugaben, dass sie in den 30er-Jahren der SS beigetreten wären – wären sie damals alt genug gewesen. Alle waren zusammengekommen, um die verschlungenen Wege ihrer persönlichen Geschichte und die ihrer Vorfahren zu erforschen. Und alle kamen in der Bereitschaft, in der Gegenwart des „anderen" einen weiteren Schritt in Richtung Vertiefung zu gehen.

Programmgestaltung und Ablauf

Ein Programm zu entwerfen, um diese heikle Arbeit zu unterstützen, war aufregend und beängstigend zugleich. Wir wussten, dass die Teilnehmenden ein starkes Gefühl von Sicherheit brauchen würden, um die heftigen Gefühle erforschen zu können, die wahrscheinlich auftauchen würden. Gleichzeitig wollten wir verhindern, dass sie in diesem Schmerz stecken blieben. Uns unserer Vorfahren zu erinnern und in irgendeiner Form ihren Segen für unser Unterfangen zu erhalten, sollte ein wichtiges Element im gemeinsamen Prozess sein. Es sollte jedoch nicht unser Engagement überschatten, im Hier und Jetzt für eine Verbesserung der Verhältnisse in der Welt zu sorgen. Die Brutalität der Vergangenheit konnte nicht ungeschehen gemacht werden – doch wir wollten nicht, dass sie die Gegenwart und Zukunft vergiftete. Gemeinsam wollten wir Rituale finden und mit Leben füllen, Raum zum Trauern schaffen, aber auch für das gemeinsame Erleben von Kunst, Musik, Tanz und Spiel. Und vor allem wollten wir Menschen zuhören, die ihre Geschichte aus einer ganz persönlichen Sichtweise heraus erzählten – einige von ihnen zum allerersten Mal.

Wir hatten so viel vor uns und so wenig Zeit. Waren wir einfach naiv und idealistisch? Oder waren wir Visionäre, voller Vertrauen darauf, dass menschliche Herzen in der Lage sind zu heilen? Wir wussten es nicht.

Wir entwarfen ein zehntägiges Programm. Die ersten Tage waren gefüllt mit Meditation und mit der Gestaltung eines Raum, den wir der „Hoffnung und Erinnerung" widmeten. In diesem Raum befanden sich zahlreiche Fotos und persönliche Gegenstände, die sowohl unsere Vorfahren als auch unsere jetzigen Familien ehrten, während wir uns auf den langsamen Prozess des gegenseitigen Kennenlernens einließen. Wir erlernten Techniken wie die des einfühlsamen Fragens, entwickelten unsere Fähigkeit, ruhig zu bleiben, wenn jemand Wut und Ärger ausdrückte, lernten, unsere eigenen Ängste und unseren Schmerz zu würdigen, und übten uns darin, unsere inneren Urteile beiseite zu stellen, um mit Menschen verbunden zu bleiben, auch wenn sie in uns heftige Gefühle auslösten. Diese Übungen sind das Herz des Trainings im Einfühlsamen Zuhören.

Wir hörten den Geschichten jedes Einzelnen zu. Nach und nach deckten wir mehr und mehr Schichten des Schmerzes und des Kummers auf, die sich in vielen von uns verborgen gehalten hatten. Dies alles fand in einem Seminarzentrum statt, das auf dem Gelände einer ehemaligen Munitionsfabrik der Nationalsozialisten errichtet worden war und in der Tausende von Zwangsarbeiterinnen gearbeitet hatten. Der Raum, in dem wir unsere Mahlzeiten einnahmen, war ehemals die Versammlungshalle gewesen, in der Propagandareden gehalten wurden.

Nach den ersten gemeinsamen Tagen im Lebensgarten reisten wir nach Berlin, wo wir Gedenkstätten besuchten, die den während des Holocaust gedemütigten und ermordeten jüdischen Menschen gewidmet waren. Wir hörten Zeitzeugen zu, die den Krieg direkt miterlebt hatten: ehemaligen Soldaten der Waffen-SS, nicht-jüdischen Menschen, deren Eltern aktiv gegen das Naziregime protestiert hatten und einer Jüdin, die als kleines Kind erleben musste, wie ihre Eltern deportiert und später in einem Vernichtungslager ermordet wurden.

Nach drei Tagen in Berlin fuhren wir im Bus in das ehemalige Konzentrationslager Bergen-Belsen. Gemeinsam – Jüdinnen und Deutsche – stellten wir uns dort dem Schrecken der Vergangenheit, durchschritten das Gelände, auf dem sich überall verstreut Massengräber und auch einzelne Grabsteine befinden. Jahrzehnte nach dem Ende dieses grausamen Kapitels menschlicher Geschichte betraten wir, mal Hand in Hand, mal allein und schweigend, den Boden, auf dem so viele ausgelöscht worden waren.

Es ist schwer in Worten auszudrücken, wie sehr ich mich in dem unterstützt fühlte, was ich immer geglaubt hatte: Dass es notwendig ist, sich starken Gefühlen auszusetzen und ihnen Ausdruck zu verleihen, sich dem Trauma zu stellen, sogar wenn es so überwältigend ist wie der Holocaust. Und dabei zu sein, wenn diese Bereitschaft von einer ganzen Gruppe mit über 30 Personen getragen wird – ich hätte nicht erwartet, so etwas jemals zu erleben. – Eve B. Rennebarth, Deutschland

Für die letzten beiden Tagen des Projektes kehrten wir in den Lebensgarten zurück, um all das zu verarbeiten und zu integrieren, was wir erlebt hatten, und um die Teilnehmer auf ihre Rückkehr ins „wirkliche Leben" vorzubereiten, die Rückkehr in ihre Familien, an den Arbeitsplatz und in ihre Heimatländer, die sie zeitweise hinter sich gelassen hatten. Wir erwogen, auf welche Weise wir wohl etwas von dem, was wir erlebt hatten, in unser tägliches Umfeld transportieren könnten.

Nachdem zwei Projekte in Deutschland stattgefunden hatten, führten wir 2004 zum ersten Mal ein achttägiges Projekt in den Vereinigten Staaten durch. Kürzere Treffen und Veranstaltungen finden seitdem kontinuierlich in beiden Ländern statt.

Teilnehmerinnen wie Zeitzeugen haben gleichermaßen aus diesen Begegnungen schöpfen können. Da ist der ehemalige deutsche Soldat, der – schmerzhaft berührt – davon erzählte, dass seine eigenen Töchter nicht bereit wären, Geschichten aus seiner Vergangenheit zuzuhören, und der Auschwitzüberlebende, der uns zu verstehen gab, dass in all den Jahren, in denen er über den Holocaust erzählt hatte, ihm noch nie so tief zugehört worden war wie in dieser Gruppe. „Ich weiß nicht, was ihr tut", sagte er, „aber falls es überhaupt einen Weg gibt, die Welt zu heilen, dann ist es dieser."

Unterstützt durch den Dokumentarfilm *Embracing Story – Erinnerung umarmen,* der von zwei deutschen Frauen – beides ehemalige Teilnehmerinnen des Projektes – produziert wurde, haben jetzt Tausende von Menschen in beiden Ländern die Möglichkeit, an der Kraft jüdisch-deutscher Versöhnung teilzuhaben.

Die Regenbogenfamilie – ein Blick in die Zukunft

In den Wochen und Monaten nach Beendigung eines solchen Projektes tauschen ehemalige Teilnehmerinnen in stetigem Fluss Briefe, Gedichte, Fotos und Zeichnungen untereinander aus. Dialoge über die Vergleichbarkeit des Leidens, das Wesen der Vergebung und die Herausforderung, wieder ins tägliche Leben eintreten zu müssen, werden so in Gang gesetzt und durch tägliche Kommentare lebendig gehalten. Die ehemaligen Teilnehmer schreiben über alles – von Büchern zum Thema, die sie gelesen, Filmen, die sie gesehen haben bis hin zu persönlichen und politischen Ereignissen, die ihnen bedeutsam erscheinen.

In jedem Jahr unseres Projektes werden wir mit Regenbögen gesegnet. Einer tauchte sogar ganz ohne meteorologische Ursache auf. Der Sohn einer Teilnehmerin erstellte den sogenannten Regenbogen-E-Mail-Verteiler, und nun sind wir Teil einer erweiterten Regenbogenfamilie, einer Familie, die auch einige unserer Zeitzeuginnen und andere Gäste mit einschließt.

In der nächsten Phase wird sich unser Projekt – mit Unterstützung ehemaliger Teilnehmerinnen, die in beiden Ländern ihre Erfahrungen und die Weiterentwicklung der Arbeit in die Gemeinden tragen – ausweiten. Wir wissen, dass eine gesunde Familie jedes ihrer Mitglieder darin bestärkt, von sich aus den Samen der Heilung und Hoffnung weiterzutragen. Dies ist unsere Vision für die Zukunft.

Die Geschichten, denen wir zugehört haben, werfen viele Fragen auf und geben wenige Antworten. Zusammen ergeben sie hin und wieder ein facettenartiges Bild der Menschlichkeit. Unsere Fähigkeit, uns gemeinsam an einem Ort des „Nicht-Wissens“ aufzuhalten, und unsere Bereitschaft, uns von der Verurteilung zu lösen und einfach zum Zeugen des Leidens zu werden, machen Heilungsarbeit möglich.

Honig von den Felsen

(von Rabbiner Lawrence Kushner)

Jedes Leben ist vergleichbar mit den Teilen eines Puzzles.
Für einige gibt es sehr viele Teile.
Für andere ist es schwierig, das Puzzle zusammenzusetzen.
Einige scheinen mit einem fast vollständigen Puzzle zur Welt zu kommen.
So ist das nun mal.
Die Seelen wandern hierhin und dorthin
und versuchen, die unzähligen Teile zusammenzubringen.

Aber wisse:
Niemand hat je
alle Teile seines Lebens-Puzzles beisammen.
Es ist wie damals, als Puzzleteile noch nicht in Zellophan
eingeschweißt wurden,
um so zu garantieren, dass alle Teile zusammenbleiben.

Jeder Mensch trägt wenigstens eines
und wahrscheinlich mehrere Einzelteile
aus dem Puzzle eines anderen in sich.
Manche wissen es,
manche auch nicht.

Doch wenn du dein Puzzleteil,
das dir vielleicht wertlos erscheint,
einem anderen zeigst,
ob du es weißt oder nicht,
ob er es weiß oder nicht,
dann bist du ein Bote,
ein Bote des Allerhöchsten.

Mehr Informationen zum jüdisch-deutschen Projekt erhalten sie über www.compassionatelistening.org (USA)
oder www.versoehnungsbund.de/listening (Deutschland).
Der Videofilm *Embracing Story – Erinnerung umarmen* ist auf VHS und DVD sowohl im NTSC- als auch im PAL-Format erhältlich und kann in den USA über die Website und in Deutschland direkt über: eve.rennebarth@gmx.de (www.zachordokumentation.com) bestellt werden.

Zusätzliche Übungen

Eine Übersicht über die Anordnung der in diesem Kapitel beschriebenen Übungen findet sich im Abschnitt *Vorbereitung.* Die Übungen stammen aus vielen verschiedenen Quellen, einige wurden von uns selbst entwickelt. Viele eignen sich sowohl für die individuelle Vorbereitung als auch für Gruppen. Es ist empfehlenswert, auch eigene, den persönlichen und den Bedürfnissen der Gruppe entsprechende Übungen zu entwickeln. Sei dir im Klaren darüber, dass sich einige Gruppen oder Einzelpersonen mit intensiven inneren Prozessen unwohl fühlen könnten. Imaginationsübungen und energetische Übungen sind in diesem Fall nicht geeignet. Alle Teilnehmerinnen sollten immer die Möglichkeit haben, nicht an Übungen teilzunehmen oder die Übung so durchzuführen, dass sie ihnen mehr Sicherheit gibt. Imaginationsübungen können z.B. auch mit geöffneten Augen durchgeführt werden, wenn das den Bedürfnissen der Teilnehmenden entspricht. Der Austausch mit einer anderen Person oder in der Kleingruppe kann durch das Aufschreiben von Gedanken ersetzt werden.

Im Buchhandel sind zahlreiche Bücher über das Leiten von Gruppen erhältlich, aus denen du Übungen übernehmen und für deine Bedürfnisse abwandeln kannst. In meiner Praxis erlebe ich allerdings immer wieder, dass weniger oft mehr ist.

Es ist wichtig, den Menschen für jede Erfahrung genug Zeit zu geben, damit sie sich wirklich einlassen können und Gelegenheit haben, ihre Lernschritte zu verinnerlichen. Eigene Erfahrungen und Reaktionen aufschreiben unterstützt diesen Vorgang.

Oft ist es hilfreich, zunächst den Austausch in Kleingruppen anzuregen, bevor etwas in die Gesamtgruppe eingebracht wird. Bleibt der Austausch auf Kleingruppen beschränkt, kann es sein, dass etwas nicht in den Prozess der Gesamtgruppe integriert wird. Integration entsteht dadurch, dass alle auch die Erfahrungen der anderen miterleben. Andererseits gibt es Menschen, die von der Größe der Gruppe verunsichert werden und sich in einer kleinen Gruppe eher öffnen können. Als Gruppenleiterin solltest du alle diese Faktoren gegeneinander abwägen.

Es ist wichtig, offen für Unerwartetes zu sein. Es trägt zwar zur Vertrauensbildung innerhalb der Gruppe bei, wenn sich die Gruppenleitung an einem klaren Ablauf orientiert. Manchmal besteht allerdings die Notwendigkeit, unerwartet auftauchende Themen anzusprechen. Eine Gruppe zu leiten erfordert, Gespür für Situationen zu entwickeln. Meiner Meinung nach ist es von Vorteil, Entscheidungen für die ganze Gruppe transparent zu machen. Der Prozess der Entscheidungsfindung hat so auch Modellcharakter und fördert die Kooperation. Es ist wichtig, in diesem Punkt seinen persönlichen Stil zu finden. Ich selbst habe viele verschiedene Methoden erlebt, mit unerwarteten Vorfällen umzugehen.

Vorbereitung

Überblick

1. Einen sicheren Rahmen schaffen
2. Die Vorstellungsrunde
3. Gruppenbildung
4. Vision
5. Zentrierende Übungen
6. Mit „erweitertem" Geist und offenem Herzen zuhören
7. Das innere Chaos heilen
8. Mitfühlende Fragen formulieren
9. Zielgerichtetes Fragen
10. Aktives Zuhören
11. Verantwortung für Gefühle übernehmen
12. Neue Lerninhalte durch Imagination verankern
13. Abschluss

1. Einen sicheren Rahmen schaffen

- Beginne, indem du dich vorstellst.
- Drücke deine Wertschätzung gegenüber allen aus, die sich für eine Teilnahme entschieden haben.
- Stelle einen Bezug her zwischen dem Treffen und dem größeren Zusammenhang, und widme die Ergebnisse eurer Arbeit dem Wohl des großen Ganzen.
- Verdeutliche kurz den Zweck und das Ziel des Treffens.
- Erkläre, wie du deine Rolle als Leitungsperson definierst.
- Erarbeite mit den Teilnehmenden Gruppenvereinbarungen.
- Schaffe ein Bewusstsein dafür, dass Momente der Stille und ein achtsamer Umgang mit Zeit wichtig sind.
- Rege eine Vorstellungsrunde an, in der die Teilnehmenden Auskunft darüber geben, von wo sie kommen, was sie mit dem Thema verbindet und was sie sich von dem Treffen erhoffen.

2. Die Vorstellungsrunde

Allgemeine Einführung:

Nenne kurz deinen Namen, sag wo du herkommst, gib Auskunft über deinen Bezug zum Thema und darüber, was du dir von dem Treffen wünschst.

Sich mit der Gruppe verbinden:

Ein Freiwilliger erklärt sich bereit, darauf zu achten, dass jedem dieselbe Zeit zur Verfügung steht. Nacheinander beantworten alle im Kreis die Frage: „Warum bin ich hier?“
Diese einfache Frage lässt offen, was jemand über sich mitteilen will, und ermöglicht allen, sich mit den Zielen der Gruppe zu verbinden. Manchmal entscheiden wir uns auch für explizitere Fragen wie: „Was führte dich hierher?“ „Was hat das mit deinem Leben zu tun?“ „Was sind deine Interessen?“
Diese Fragen offenbaren Gemeinsamkeiten hinsichtlich des persönlichen Hintergrundes, der Interessen und Zielsetzungen und verbinden so die Menschen miteinander.

3. Gruppenbildung

Blitzball:

Diese spielerische Übung unterstützt die Interaktion innerhalb der Gruppe und ist gut geeignet, die Energie wieder in Fluss zu bringen, wenn Menschen über eine lange Zeit zugehört haben. Es können maximal zwölf Personen teilnehmen. Ist die Gruppe größer, können einige in die Rolle der Beobachterin gehen und Vorschläge zur Problemlösung anbieten.

Alle, die das Spiel kennen, sollten nicht teilnehmen oder den anderen Ratschläge geben. Sie können jedoch als Zeitnehmer dabei sein. Ziel der Übung ist es, Problemlösungsstrategien in der Gruppe zu entwickeln: Der Ball soll in der kürzestmöglichen Zeit in einer festgelegten Reihenfolge weitergereicht werden. Benötigt werden ein Tennisball und eine Uhr mit Sekundenanzeige.

Schreibe die folgenden Regeln auf und präsentiere sie so, dass sie für alle sichtbar sind:
- Jeder muss einmal den Ball bekommen.
- Der Ball muss mit beiden Händen berührt werden.
- Nur eine Person berührt jeweils den Ball.
- Der Ball muss in derselben Reihenfolge weitergegeben werden.
- Der Ball darf nicht den Boden berühren.

Bei den ersten beiden Runden rufen die Teilnehmenden den Namen der Person, der sie den Ball zuwerfen. Die letzte Person eines Durchlaufs hält den Ball fest und gibt ihn dann der ersten Person zurück, um den Ablauf zu wiederholen.
Nach der dritten Runde wird die Zeit vom Beginn bis zum Ende des Durchlaufs gestoppt. Die Gruppenleiterin weist darauf hin, dass es möglich ist, die Zeit um die Hälfte zu verkürzen.
Jetzt fragt die Leiterin nach jedem Durchlauf, ob es nicht möglich ist, noch schneller zu werden. Diese Aufforderung fordert von der Gruppe, einen kreativen Weg zu finden, den Prozess zu beschleunigen. Eine Gruppe von zehn Personen kann einen Durchlauf in zwei Sekunden schaffen.

Komplexe, anpassungsfähige, sich selbst organisierende Systeme – KASOS:

Im Chaos fühlen sich die meisten Menschen unwohl. Diese Übung zeigt, dass auch dem Chaos eine Struktur innewohnt, durch die es sich schließlich ordnet und auflöst. Es ist beruhigend zu erkennen, dass scheinbar im Universum ein Ordnungsprinzip vorhanden ist, dessen wir uns langsam bewusst werden.

Jede Person:
- wählt still für sich zwei andere Personen aus der Gruppe aus, **ohne** zu erkennen zu geben, um wen es sich handelt.
- Sie stellt dann zu den beiden ausgewählten Personen den gleichen räumlichen Abstand her. (Das kann, muss aber nicht notwendigerweise die Form eines gleichschenkligen Dreiecks ergeben.)
- Die Gruppe beginnt, sich im Raum in verschiedenen Mustern umherzubewegen.
- Sie kommt zum Stillstand, sobald jeder gleich weit von seinen ausgewählten Personen entfernt ist.
- Wenn die Bewegung zum Stillstand gekommen ist, gib allen ausreichend Zeit, um Erfahrungen auszutauschen und die Implikationen des Erlebten auszuformulieren.

4. Vision

Die Zielsetzung klären:

Wann immer sich eine Gruppe neu bildet, ist es wichtig, die Zielsetzung jedes Einzelnen zu klären und zu formulieren, was jeder vom Gruppenprozess erwartet.
Die folgende der Klärung dienende Meditationsübung kann gemalt oder geschrieben werden. Das Ergebnis wird der Gruppe vorgestellt, um den anschließenden Austausch zu ermöglichen.

Schließe deine Augen und entspann dich. Spüre deinen Atem. Nimm dir genug Zeit und Ruhe, um in einen tiefen Zustand der Entspannung zu sinken. Lass ein Bild, Ge-

fühl oder Symbol auftauchen, welches die Bedeutung des Einfühlsamen Zuhörens für dich verkörpert. Erforsche das, was sich zeigt.

Sei dir der höheren Qualitäten bewusst, die du als Einzelne in diesen gemeinsamen Prozess einbringst. Spüre und imaginiere die Beziehung, die dich mit dem Archetyp, der Grundidee des Einfühlsamen Zuhörens verbindet. Nimm wahr, was du fühlst, wenn du dir erlaubst, Teil dieses Bildes zu sein. Nimm die anderen Menschen im Raum wahr, die sich auch von dieser archetypischen Idee angezogen fühlen. Stell dir vor, wie sich in dieser Gruppe die Qualitäten und Energien des Einfühlsamen Zuhörens manifestieren. Vielleicht wächst dein Bild oder dein Gefühl oder verändert sich. Was taucht gerade auf?

Atme tief ein und aus und komm mit deiner Aufmerksamkeit langsam in den Raum zurück, in dem du auf deinem Stuhl sitzt. Spüre, wie deine Füße den Boden berühren, und öffne langsam die Augen. Nimm dich selbst und die anderen im Raum wahr, ohne zu sprechen.

Male oder schreibe dein inneres Bild in dieser Stille auf. Stell das Bild anschließend der Gruppe vor und erforsche, wo du jetzt in Bezug auf dieses Ideal stehst. Wo möchtest du innerlich wachsen und dich entfalten und welche Qualitäten und Begabungen hast du, die dich und die Gruppe im Wachstum unterstützen werden?

Werte klären:

In dieser Übung findest du Klarheit über die Themen und Dinge, die für dich von Bedeutung sind. Du wirst merken, wofür du wirklich brennst, was deine Leidenschaft ist. Die Übung zeigt außerdem tief liegende Interessen und Bedürfnisse auf.

Liste auf der linken Seite eines Blatt Papiers nicht mehr als zehn Dinge auf, die dir in deinem Leben Freude bereiten und die Bedeutung für dich haben. Das Spektrum kann von so weltlichen Dingen wie deiner Vorliebe für Eiscreme über größere Themen wie dem Wunsch, im Wald spazieren zu gehen oder eine Gemeinschaft zu gründen, reichen bis hin zu dem Wunsch nach Weltfrieden.

Wenn du ungefähr zehn Sachen aufgelistet hast, denke an die Qualität oder Energie, die aufsteigt, wenn du diesen Dingen nachgehst. So kann die Vorliebe für Eiscreme dafür stehen, sich etwas zu gönnen, sich gehen zu lassen, zu feiern. Ein Waldspaziergang kann Entspannung, Freiheit, Gesundheit, Spiritualität bedeuten. Eine Gemeinschaft zu gründen mag mit dem Bedürfnis nach Liebe, Zusammenarbeit und gegenseitigem Teilen zusammenhängen. Es könnte sein, dass viele derselben Qualitäten aus verschiedensten Gründen auf der Liste erscheinen.

Auf ein zweites Blatt Papier schreibst du auf die linke Seite zehn Dinge, die dich aufregen. Beispiele dafür können sein: atomare Aufrüstung, überfüllte Flughäfen, Dreckspuren auf dem Teppich. Dann stell dir die Frage: „Warum regen mich diese Dinge auf, welche Qualität oder Energie wird vernachlässigt?“ Atomare Aufrüstung kann für den Mangel an Sicherheit, Gesundheit oder für die Bedrohung der Freiheit stehen.

Überfüllte Flughäfen können Einschränkung, Unausgeglichenheit oder fehlende Gelassenheit anzeigen, Dreckspuren lassen das Bedürfnis nach Anerkennung, Ordnung und Schönheit unerfüllt.

Sieh dir die Qualitäten auf beiden Seiten noch einmal an. Wenn du dich in diese beiden einfachen Listen wirklich vertiefst, bekommst du eine genaue Vorstellung von den Lebensqualitäten, die für dich von größerer Bedeutung sind. Diese Übung weist auch darauf hin, dass Dinge nicht notwendigerweise das sind, was sie zu sein scheinen. Dinge, die recht belanglos erscheinen, können mit Qualitäten von außerordentlicher Energie und Bedeutung verbunden sein. Diese Energie mag dich motivieren, Projekte auszuwählen, die mit diesen Themen in Verbindung stehen. Oder sie bewirken, dass du dich eher vorsichtig näherst. Manche Themen sind vielleicht zu bedeutsam für dich, sodass du nicht in der Lage wärst, von deiner eigenen Betroffenheit abzusehen und für andere Menschen präsent zu sein.

5. Zentrierende Übungen

Don't do something. Just sit there (Tue nichts. Sitz einfach da). – Titel eines Meditationsbuches von Judith Boornstein

- Bist du in der Rolle der Anleiterin, frag zunächst in der Gruppe nach, welche Übungen jeder für sich bereits anwendet, um sich in Stresssituationen zu entlasten.
- Die Anwesenden können auch im Rahmen der Vorstellungsrunde mitteilen, was sie tun, um sich zu zentrieren.
- Lenke die Aufmerksamkeit auf deinen Atem. Eine grundlegende Übung besteht darin, zu sich selbst in Gedanken zu sagen: „Ich atme Licht ein und lasse Dunkelheit los."
- Eine Variation dieser Übung ist, dir vorzustellen, die dich umgebende Dunkelheit einzuatmen, sie in Lichtenergie zu verwandeln und sie den anderen in Form von Licht zuströmen zu lassen.
- Wenn du aufgeregt bist oder merkst, dass du abgelenkt wirst, verbinde dich mit deinen Körpergefühlen. Finde das dich beeinträchtigende Gefühl und lasse es bewusst los.

Energetisierende Erdungsübung:

Setze dich auf einen Stuhl. Die Füße haben guten Kontakt mit dem Boden. Leg die Hände in den Schoß und schließe die Augen. Stell dir nun Wurzeln vor, die am Ende deiner Wirbelsäule beginnen und durch den Stuhl, durch den Boden, durch das Fundament des Gebäudes in die Erde hinunterreichen und weiter hinunterführen bis zu einem stabilen Punkt in der Erde, an dem sie fest anhaften. Vergewissere dich, dass dei-

ne Wurzeln wirklich vom Ende deiner Wirbelsäule und nicht von der Stirn ausgehen. Atme jetzt tief ein und aus und erlaube damit all den Ereignissen und Gedanken des Tages, positiven wie negativen, durch die Wurzeln nach unten abzufließen, wo die Erde sie aufnimmt. Verfahre genauso mit den wichtigsten Ereignissen der vergangenen Woche. Vielleicht bemerkst du, dass einige Ereignisse oder Gedanken nicht weggehen wollen. Vergegenwärtige dir, dass du sie jederzeit zurückrufen kannst, und lass sie dann mit dem Ausatmen hinabströmen in deine Wurzeln und in die Erde hinein. Wenn du dich mit dieser Übung erst einmal vertraut gemacht hast, kannst du dich selbst jederzeit erden.

Atme jetzt durch deine Wurzeln neue, saubere Erdenergie ein. Erlaube der Energie, langsam deine Füße, Beine und die untere Hälfte deines Rumpfes zu füllen. Erlaube jetzt deiner höchsten, schwach golden- oder weißfarbigen Energie durch das Zentrum über deinem Kopf wie durch einen Trichter in den Körper einzuströmen, sodass der obere Teil deines Körpers sich damit anfüllt, um sich mit der Erdenergie im unteren Teil zu vermischen. Erlaube dieser Mischung, durch den ganzen Körper zu sprudeln, indem du sie mit deinem Atem dirigierst und balancierst, sodass du dich weder zu abgehoben noch zu schwer fühlst. Wenn es sich für dich gut anfühlt, beuge dich nach vorne, lass die Energie entweichen, schüttle dich und öffne die Augen.

Unterstützend sind die im Handel erhältlichen **Engelkarten**: Jede Karte eines solchen Sets bildet höhere Qualitäten wie z.B. Vertrauen, Wirksamkeit, Wandlung, Verantwortung, Schönheit, Verständigung ab. Wir haben gute Erfahrungen damit gemacht, dass jedes Gruppenmitglied am Anfang eines Treffens eine Karte zieht und dann dafür verantwortlich ist, die entsprechende Qualität in der Gesamtgruppe lebendig zu halten.

Wenn die Menschen mit Energieübungen vertraut sind, nimm dein Gegenüber sehr bewusst wahr, während du zuhörst. Dieses bewusste Halten und Wahrnehmen der Energie ist ein Geschenk für die Gruppe. Es ist die Essenz des Einfühlsamen Zuhörens.

Wenn du dich über irgendetwas aufregst, konzentriere deine Aufmerksamkeit für einige Sekunden auf einen schönen Gegenstand in deiner Umgebung.

Wenn Informationen Gefühle auslösen, unterstütze dich selbst und andere, indem du ein von Mitgefühl getragenes Energiefeld erzeugst. Du kannst dir vorstellen, dass die ganze Gruppe von einem weichen Lichtkelch umgeben ist und von ihm getragen wird.

Stell dir deinen Geist als einen ruhigen, tiefen See mit sehr stillem Wasser vor. Während du auf den See schaust, erblickst du das wunderschöne Spiegelbild eines schneebedeckten Berges. Stell dir vor, dass deine Gedanken wie der Wind sind und eine Kräuselung auf der Wasseroberfläche erzeugen, die dich daran hindert, das Spiegelbild klar zu sehen. Wenn deine Gedanken ruhiger werden, wird auch das Spiegelbild klarer. Atme tief ein und aus und beruhige deinen Geist, indem du dich auf die Schönheit und Stille des Sees konzentrierst.

6. Mit dem Herzen zuhören

Der Wert des Zuhörens:

Erinnere dich an eine Situation, in der dir einfühlsam zugehört wurde. Wie war das für dich?
Jetzt erinnere dich an eine Situation, in der dir nicht zugehört wurde. Wie fühlte sich das an?

Erinnere dich an eine Situation, in der du jemandem mit voller Aufmerksamkeit zugehört hast.
Wie war das für dich und dein Gegenüber?
Jetzt denke an eine Situation zurück, in der du jemandem nicht zugehört hast.
Wie war das für dich und für die andere Person?

Schreib deine Erkenntnisse auf oder tausche dich mit einer Partnerin aus. Welche Rückschlüsse auf das Wesentliche, die Qualitäten oder die Energie einfühlsamen, tiefen Zuhörens kannst du daraus ziehen?

Erstelle eine Liste mit positiven Qualitäten des Einfühlsamen Zuhörens und eine andere Liste mit negativen Auswirkungen, die eine eingeschränkte Art des Zuhörens haben kann.

Bei dieser Übung kommen häufig folgende Ergebnisse zustande:
Positive Qualitäten: Ausgeglichenheit, Entfaltung, Verbindlichkeit, Schönheit, Konzentration, Verbindung, Ruhe, Verständnis, Friede, Potenzial, Lächeln, Beteiligung aller Sinne, im Fluss sein, alles als Aspekte des großen Ganzen sehen.

Negative Auswirkungen: Konkurrenz, Chaos, Aggression, Blockaden, darauf bestehen, im Recht zu sein, Ego-Zentriertheit, Verschlossenheit, Mangel an Zeit, Verletzlichkeit, Dunkelheit, sich klein fühlen, Angst, Beengung, Verwirrung, Konflikte persönlich nehmen, Voreingenommenheit.

Schreib oder sprich über diese Punkte.

7. Das innere Chaos heilen

Diese Übungen lernte ich vor vielen Jahren in meiner Psychosyntheseausbildung in San Francisco kennen. Sie haben zum Ziel, sich eigener Muster bewusst zu werden und Entscheidungen zu treffen, die uns unterstützen, und Konflikte in eine neue Form des Seins zu integrieren. Die Übungen zeigen, dass eine Störung im Außen die Wiederspiegelung einer inneren Störung ist. In der Psychosynthese werden solche Unruhe auslösenden Stimmen als Unterpersönlichkeiten bezeichnet und gehören zu den vielen Teilen unseres Ichs, die zusammen unsere Persönlichkeiten ausmachen. In der folgenden Übung stellt die Mitte des Kreises unser Selbst dar oder das Zentrum unseres Persönlichkeitssystems, das die vielen Aspekte unseres Seins reguliert.

Diese besonderen Übungen können turbulent werden, wenn die identifizierten Stimmen ihre Rolle behaupten. Ihnen zuzuhören kann sehr bewegend sein, und oft löst es Tränen aus, wenn wir erkennen, wie hart wir zu uns selbst sind: Wir erkennen, wie viele Kriege wir in uns ausfechten. Für viele ist es am schwierigsten, die positiven Stimmen zu Wort kommen zu lassen, die liebevoll mit uns sprechen. Sich für den inneren wahren Wert zu öffnen ist oft das Schwierigste in der Arbeit mit sich selbst.

Jeder sollte zehn bis fünfzehn Minuten Zeit für diesen Prozess haben.

Ziele:
- die Teile in uns selbst identifizieren, die miteinander im Konflikt sind;
- die positiven und hilfreichen Aspekte dieser Teile anerkennen;
- die Bestärkung erfahren, die durch die Befreiung der positiven Aspekte und Energien stattfindet, und diese Energien so ausrichten, dass sie unseren gegenwärtigen Interessen dienen.

Diese Übungen ermöglichen uns, einige unserer eigenen Urteile zu hören und wahrzunehmen, wie sie sich anfühlen und wie es sich anfühlt, die ihnen innewohnenden Botschaften zu verändern. Die Übungen verdeutlichen, wie sehr unsere Konflikte innerer Natur sind.

Übung: Kreis der inneren Stimmen:

Nimm dir etwa fünf Minuten Zeit, um die inneren Stimmen zu identifizieren, die eine Hauptrolle spielen, wenn du dich selbst verurteilst. Suche zwei bis drei in deinem Kopf vorherrschende Stimmen aus.

Welche Urteile fällen diese Stimmen? Was ist der genaue Wortlaut? Schreibe die genauen Formulierungen in deinem Tagebuch auf. (Verwende das „Du“ als Ansprache in den Sätzen, damit deutlich wird, dass es sich nicht um deine wahre Identität handelt, die spricht.)

(Als Anleiterin: Bitte einen Freiwilligen, mit dir zusammen die Übung für die ganze Gruppe zu demonstrieren.)

Schritt 1:
Verteile die Rollen deiner zwei oder drei dominantesten inneren Stimmen an zwei oder drei Teilnehmende. Gib jedem eine kurze Einführung, wie die Stimme agiert und was sie sagt. Vergiss die Angaben über den Tonfall nicht: Ist die Stimme z.B. leise oder laut?

Schritt 2:
Stell dich jetzt in die Mitte der vorher instruierten Personen und höre ihnen zu, während sie alle zugleich in der Rolle der jeweiligen Stimme agieren. Wie ist es, von den

Botschaften dieser Stimmen bombardiert zu werden? Wie fühlt es sich an? Im Körper? Welche Gefühle steigen auf? Ist es vergleichbar mit dem, was im tatsächlichen Leben manchmal passiert? Mach dir bewusst, wie stressig es ist. Reagiere so, wie dir danach ist. Es gibt keine Regeln.

Schritt 3:
Wenn du so weit bist, stell dich außerhalb des Kreises und beobachte die Stimmen, während diese weiterreden. Was siehst du? Was lernst du daraus?

(An diesem Punkt ist wichtig, dass die Gruppe nicht zu schnell damit aufhört, die Stimmen zu verkörpern. Lass als Beobachterin wirklich an dich herankommen, was da passiert.)

Schritt 4:
Jetzt unterbrich das Agieren deiner Stimmen. Erlebe, welche Kraft darin liegt, „Nein" zu diesem Bombardement zu sagen. Geh zurück in den Kreis und komm zur Ruhe. Finde deine Mitte, indem du atmest und spürst, wie deine Füße fest auf dem Boden stehen. Komm in einen Zustand der Ausgeglichenheit, indem du die Muskeln in den Beinen und Füßen, die Muskeln um Brust und Bauch herum entspannst. Atme tief ein und aus. Nimm dir genug Zeit für diesen Schritt. Spüre die Stille in dir.

Schritt 5:
Verwandle die negativen Botschaften eine nach der anderen, indem du jeder Botschaft eine positive Stimme gibst. Erkläre jeder Stimme, wo in deinem Leben sie entstanden ist. Verstehe, dass sie entstanden sind, um dir zu helfen und um dir in einer schwierigen Situation das Überleben zu ermöglichen. Wertschätze das, was die Stimmen dir für dein Leben gegeben haben. Ihre Energie ist einfach an einem Punkt blockiert worden, während du selbst dich weiterentwickelt hast. Benenne die positive Seite jeder Stimme und sag ihr, wie sie dich unterstützen kann und wie du auch sie jetzt unterstützen kannst. Lass die Menschen im Kreis nun diese positiven Stimmen aufgreifen. Lass sie laut aussprechen, wie sie dich unterstützen können. Lass dir ein positives Feedback geben und dir sagen, dass sie dich schätzen und dir helfen werden. Danke jeder einzelnen Stimme und teile ihr mit, was sie in dir blockiert, woran sie dich hindert, aber auch, welche positiven Seiten das hat. Nimm es wirklich mit deinem ganzen Körper auf, achte auf deinen Atem und darauf, wie deine Füße auf dem Boden stehen.

(Noch einmal: Auch hier ist es wichtig, diese Phase nicht zu schnell zu beenden.)

Kurzer Austausch.

Die Übung wird fortgesetzt, indem jede Teilnehmerin in die Mitte des Kreises geht und andere Gruppenteilnehmer in die Rollen ihrer inneren Stimmen einweist.

Teilt euch in Vierergruppen auf, sodass alle diese Erfahrung machen können. Wenn die Gruppen unterschiedlich groß sind, sollte die Person, die bereits als Freiwillige die Übung demonstriert hat, in einer der größeren Gruppen sein, denn sie braucht die Übung nicht noch einmal zu wiederholen.

Stimmendialogübungen:

Diese Übungen sind abgeleitet vom *Stimmendialog*, einem Therapiesystem, das von Hal und Sidra Stone entwickelt wurde und seinen Ursprung in der Psychosynthesearbeit mit Unterpersönlichkeiten hat.

Im Folgenden werden drei Übungen beschrieben. Die ersten beiden Fragenteile kann jeder für sich bearbeiten, indem die Antworten in einem Tagebuch notiert werden. Die Fragen können aber auch als Partnerübung bearbeitet werden. Eine Person sollte zunächst alle Fragen beantwortet haben, bevor die Rollen gewechselt werden. Eine Person stellt alle Fragen und die Person, die an sich arbeitet, wechselt von einem Stuhl zum anderen, um die Position der jeweiligen inneren Stimme einzunehmen. Dann wechselt ihr die Rollen.
Der dritte Teil kann als *Tanz der Anteile* ausgeführt werden. Die Übungen können entweder einzeln oder auch als aufeinander aufbauende Folge durchgeführt werden.

Teil 1 und 2

1. Setz dich hin, komm zur Ruhe und überlege, welche Urteile du über dich fällst und welche davon die dominantesten sind. Diese Urteile können im Kontext eines bestimmten inneren Konfliktes auftreten oder im Rahmen einer Auseinandersetzung, die dich gerade in deinem Leben beschäftigt. Identifiziere die Stimmen in dir, die dich einschränken, erniedrigen, dich kritisieren, verdammen, bewerten und dir Schmerz zufügen. Fertige eine Liste dieser Stimmen an, ohne ins Detail zu gehen. Identifiziere sie einfach und schreibe sie auf.

2. Schau deine Liste durch und wähle zwei der stärksten Urteile aus. Identifiziere die jeweilige Stimme. Du wirst nun mit jeder der Stimmen in einen Dialog treten und ihr beibringen, wie sie mit dir zusammenarbeiten kann. Sprich zunächst mit einer Stimme und schreibe ihre Antworten auf. Wenn du das Gespräch mit der einen Stimme abgeschlossen hast, steh auf und schüttele diese Identität von dir ab. Nimm dann das Gespräch mit der anderen Stimme auf.

Stelle die folgenden Fragen, so als ob die Stimmen unabhängige Personen wären, und schreibe **deren** Antworten auf.
- Wann trittst du in Erscheinung?
- Wenn du in meinem Leben auftauchst, was versuchst du dann für mich zu tun?
- Was brauchst du?
- Was sind deine tiefer liegenden Beweggründe?
- Was fühlst du mir gegenüber?
- Zu welchem Zeitpunkt bist du in mein Leben getreten und mit welchem Ziel? Wie hast du dich seitdem entwickelt?
- Ich beginne wertzuschätzen, was du für mich getan hast. Du bist in mein Leben getreten, um mir in schwierigen Zeiten beizustehen. Was meinst du, wie können wir jetzt besser miteinander auskommen?

- Ich weiß, dass du mich schätzt. Ich möchte deine Energie in mein Leben auf sinnvolle Weise einfließen lassen. Ich wünsche mir ...

3. Wenn du beide Gespräche zum Abschluss gebracht hast, bewege dich und atme durch. Schüttele die Stimmen ab und zentriere dich. Ausgehend von deinem inneren Selbst, reflektiere, was beide Stimmen dir mitgeteilt haben.

- Bist du mit den Stimmen zu einem Einverständnis gekommen, von dem ihr beide profitieren könnt (Win-Win-Lösung)? Falls dem nicht so ist, was fehlt noch?
- Finde heraus, was eure gemeinsamen Interessen, Bedürfnisse und Befürchtungen sind.
- Würdige, wie sehr die Stimmen für dich da waren.
- Schreibe auf, welche Änderungen du dir wünschst und wie du die Energie der jeweiligen Stimme nutzen und einbinden kannst, um dir zu helfen, die erwünschten Änderungen herbeizuführen. Suche nach Möglichkeiten, wie du die Stimmen in einer positiven, hilfreichen Weise in dein Leben integrieren kannst. Euer Konflikt hat sie ihrer nutzbringenden Energie beraubt, die sie eigentlich für dich bereithalten. Nutze jetzt die Möglichkeit, die Energie in positiver Weise zu verwenden.

4. Denke nochmals an die Stimmen, die du jetzt kennen- und schätzen gelernt hast.

- Haben sie dich auch in deiner Einstellung anderen gegenüber negativ beeinflusst? Beurteilst du andere Menschen genauso wie dich selbst?
- Wie kann die innere Versöhnung, die stattgefunden hat, sich auf die Beziehungen mit anderen auswirken? Schreib auf, was dir auffällt.

Wenn du diese Schritte durchlaufen hast, kannst du die im Folgenden beschriebenen Bewegungsabläufe hinzufügen. Das ist eine Möglichkeit, die gewonnenen Einsichten noch mehr zu integrieren.

Teil 3

1. Stell dich so hin, dass um dich herum ein Platz von gut einem Meter in sämtliche Richtungen frei ist. Der Platz, an dem du jetzt stehst, ist dein Zentrum, der Platz des Zeugen und des neutralen Beobachters.

Schließe die Augen und spüre in dir die Energie, die deine Füße mit der Erde verbindet. Atme tief ein und aus.

- Stell dir nun mit geschlossenen Augen vor, dass einer deiner dich verurteilenden Anteile in einem Kreis rechts von dir steht und der andere in einem Kreis zu deiner Linken. Stell sie dir als unabhängige Persönlichkeiten vor, erst die eine, dann die andere.
- Wie sehen sie aus? Wie sind sie gekleidet? Wie groß sind sie? Welche Farben tragen sie? Was fühlst du ihnen gegenüber?
- Tritt jetzt in den einen Kreis und werde zu dem entsprechenden Anteil. Nimm die Einstellung und die Gefühle dieses Anteils an, streife sie dir über wie ein Kostüm.

Werde zu diesem Anteil. Gib ihm eine Stimme. Denke seine Gedanken, fühle seine Gefühle, übertreibe seine physischen Eigenheiten. Lass deinen Körper seine Haltung einnehmen und bleib einen Moment lang so, damit du dich daran erinnern kannst.

- Wie stellt sich die Situation dar, aus dieser Position betrachtet? Wie sieht die Welt aus? Wie würde dein Leben aussehen, wenn du die ganze Zeit über dieser Anteil wärst?
- Was möchte dieser Teil gerne? Was möchte er von dir? Von der Situation? Was sagt er? Geh noch tiefer. Was braucht dieser Anteil? Was macht ihn im Kern aus? Welche Qualitäten von dir drückt er aus? Welche Qualitäten müsste er noch entfalten?
- Geh jetzt zurück zu der Position in der Mitte, dem Ort des Zeugen und neutralen Beobachters. Schüttele die Muster ab, die du angenommen hast. Jetzt schau von diesem neutralen Ort in der Mitte darauf zurück. Kannst du Verständnis für diesen Teil entwickeln und Mitgefühl für seinen Standpunkt empfinden? Wenn du merkst, dass du urteilst, dann tritt in einen neuen Kreis, denn der Kreis in der Mitte ist reserviert für den neutralen Beobachter. Das neue Urteil, das du spürst, ist vielleicht ein anderer Teil deines inneren Konfliktes. Tritt dann ganz bewusst in den mittleren Kreis zurück und schau, ob du jetzt in der Rolle des Beobachters bleiben kannst.
- Nimm nun, von diesem neutralen Ort aus, einen anderen Teils des Konfliktes bewusst war. Tritt in einen anderen Kreis und wiederhole, was du mit dem ersten Teil getan hast. Werde zu diesem inneren Anteil, nimm seine Position ein und stell ihm Fragen.
- Kehre ins Zentrum zurück und schüttele diesen Persönlichkeitsanteil ab. Atme durch und finde deine Mitte. Sieh dir von hier aus diesen inneren Anteil an. Kannst du das aus einer Haltung des Verständnisses und Mitgefühls heraus tun?
- Lass die beiden Anteile in einen Dialog miteinander treten. Tritt in den jeweiligen Kreis, während diese Anteile von dir zu Wort kommen. Tritt wieder ins Zentrum und führe ein Gespräch in drei Richtungen. Was wollen deine Anteile voneinander? Wie fühlen sie sich, wenn der jeweils andere das Sagen hat? Wann haben sie die Kontrolle und bestimmen?
- Während dessen kann noch ein anderer Anteil auftauchen. Schaffe einen weiteren Kreis für ihn und begegne auch diesem Anteil auf dieselbe Art.
- Tritt zurück ins Zentrum und beobachte das gesamte Spektrum um dich herum. Kannst du einfach beobachten, ohne dich einfangen zu lassen, ohne mitzuspielen? Wenn Gefühle in dir aufsteigen, zentriere dich. Schau, ob sich zwischen den einzelnen Anteilen eine Lösung abzuzeichnen beginnt.
  Gibt es noch etwas, was sie einander mitteilen müssen? Beweg dich von einem Kreis in den anderen. Diese Bewegung kann zu einem Tanz werden, der sich immer mehr beschleunigt, bis Worte schließlich überflüssig werden. Spüre die Freude über den „ruhenden Punkt in der Mitte der sich bewegenden Welt“ und die Transformation, die durch die Bewegung passiert, durch das Auflösen der Blockaden.

- Nimm dir jetzt einen Moment Zeit, um in dich hineinzuspüren. Dies ist der Ursprung deiner Kraft, der Ort, von dem du weißt, dass du dort mit den Konflikten umgehen und sie gestalten kannst. Nimm Kontakt auf zu deiner Vision des Friedens, des Friedens auf allen Ebenen, und verbinde dich mit ihr. Welche Wahl möchtest du treffen? Sieh, wie du all diese Qualitäten und die Essenz all deiner Anteile dazu benutzt, um deine Wahl zu treffen. Bemerke, erkenne und liebe alle diese Aspekte deiner selbst in ihren so unterschiedlichen Erscheinungsformen.
- Mach dir bewusst, wie viel Kreativität frei wird, wenn all diese Anteile kooperieren. Würdige dich selbst für deine Vision und Intention. Wenn du merkst, dass diese Teile wieder in Konflikt miteinander liegen, akzeptiere, dass sie vorhanden sind, umarme sie innerlich und gehe weiter auf dem Weg, für den du dich entschieden hast.

Rollenspiel: Die „Do's" und „Don'ts" guten Zuhörens

In dieser Übung geht es darum, unsere Gewohnheiten, die uns zu schlechten Zuhörerinnen werden lassen, aufzudecken und bewusst zu machen, um sie dann in Verhaltensweisen umzuwandeln, die uns zu guten Zuhörerinnen werden lassen.

Einer der Anleiter spricht über ein aktuelles Problem. Ein anderer Anleiter zeigt typische Verhaltensweisen, die eine schlechte Zuhörerin ausmachen, z.B.:

- unterbrechen
- dazwischenfragen
- ein eigenes Problem beschreiben
- das Problem verharmlosen
- beurteilen
- Ratschläge erteilen

Bittet die Gruppe um Kommentare und Rückmeldungen dazu, welches Vorgehen sie als falsch empfunden haben und was es stattdessen gebraucht hätte.

Die Anleiter sprechen über dasselbe Problem und der Zuhörende demonstriert jetzt, was man macht, um „effektiv" zuzuhören:

- spiegeln
- die Realität des anderen anerkennen
- unterstützen
- ermutigen
- positive Körpersprache
- zur Klärung beitragen

Bittet wieder um Rückmeldung. Lasst die Gruppe die Komponenten herausfinden und ausformulieren, die gutes Zuhören ausmachen. Die Gruppe kann sich in Zweiergruppen aufteilen und das Einfühlsame Zuhören üben.

8. Mitfühlende Fragen formulieren

Die folgenden Zitate und Fragen wurden von Gene Knudsen Hoffman zusammengestellt und eignen sich besonders für die Einführungsphase oder für Gruppen, in denen Menschen Schwierigkeiten damit haben, ihren eigenen Standpunkt loszulassen.

Vielleicht ist all das Entsetzliche, tief in seinem Inneren, etwas, das unserer Liebe bedarf.
– Rainer Maria Rilke

- Bist du schon mal jemand oder etwas „Entsetzlichem" begegnet, das deine Liebe brauchte? Kannst du uns etwas darüber erzählen?
- Hat deine Liebe die Situation oder die Person verändert? Inwiefern?

Wir müssen sie alle lieben, die, deren Ansichten wir teilen, und die, deren Ansichten wir zurückweisen, denn beide haben beigetragen zur Suche nach der Wahrheit und beide haben uns dabei geholfen, sie zu finden. – Thomas von Aquin

- Hast du jemals jemanden geliebt, mit dem du in fast allen dir wichtigen Fragen anderer Meinung warst? Erzähl uns davon.
- Gibt es nicht vielleicht doch einen gemeinsamen Bereich, der dich und diesen Menschen verbindet? Konntest du ihn damals sehen? Oder findest du vielleicht jetzt einen? Kannst du uns darüber mehr erzählen?
- Hast du gelernt, diesen Menschen zu lieben? Erzähl uns davon und beschreibe das Wesen der Liebe, die du entdeckt hast.

9. Zielgerichtetes Fragen

Zielgerichtetes Nachfragen kann sehr hilfreich sein, um die Person, der wir zuhören, auf die Themen zu lenken, über die wir gerne mehr hören wollen, d.h. konkret: wie sie persönlich die Situation erlebt, in der sie sich gerade befindet.

Fran Peavey gibt einige nützliche Hinweise für solche zielgerichteten Fragen: „Die Formulierung einer zielgerichteten Frage kennt sieben Schlüsselbegriffe. Zielgerichtetes Fragen

- schafft Bewegung
- öffnet Optionen
- führt in die Tiefe
- vermeidet Warum-Fragen
- vermeidet Fragen, die mit Ja und Nein beantwortet werden können
- ist bestärkend
- stellt auch das, was scheinbar nicht infrage steht, infrage (die Werte und Behauptungen, die die Basis des gesamten Themas bilden)

Zielgerichtete Fragen haben die wichtige Aufgabe, einen Raum dafür zu schaffen, dass Menschen erkennen können, dass die Antworten auf die Fragen in ihnen selbst liegen. Du hörst dich in das hinein und vernimmst, was das Herz deines Gegenübers in der Tiefe berührt. Eine zielgerichtet Fragende hört die in jedem Problem bereits schlummernde Lösung heraus. Das erfordert eine bestimmte Art zuzuhören. Du hörst nicht passiv zu. Mit deiner Aufmerksamkeit beschreitest du einen aktiven Weg."

Die folgenden Fragen liefern Stoff zum Nachdenken. Sie sind gut geeignet, wenn du in einem Konflikt vermittelst. Einige eignen sich für Begegnungen, in denen Einfühlsames Zuhören stattfindet. Sie dienen als Leitlinien, wenn während des Zuhörens plötzlich ein Konflikt auftaucht, oder für eine weiterführende Problembearbeitung, wenn es im Anschluss an ein Treffen Schwierigkeiten gibt.

Die Möglichkeiten im Konflikt erweitern:

- Wie kannst du diese Situation auf eine Weise ansprechen, die As Bedürfnis nach X, Bs Bedürfnis nach Y und ihr gemeinsames Bedürfnis nach Z Rechnung trägt?
- Wenn du zwei für dich akzeptable Möglichkeiten beschreiben solltest, welche wären das?
- Gibt es noch andere Möglichkeiten, dieses Problem zu lösen?
- Wenn jetzt (Geld) kein Thema wäre, wie würdest du das Problem dann lösen?
- Wenn A jetzt einwilligen würde, X zu tun, wärest du dann bereit zu Y?
- Wenn du jetzt in Bs Lage wärst, was könnte für dich ein Weg sein?
- Fällt einem von euch jetzt noch eine Lösung, ein Ansatz ein, der noch nicht erwähnt wurde?

Wege aus der Sackgasse:

- Stell dir vor, du bist jemand, der von der Straße hereinkommt und mit der Situation nichts zu tun hat. Was könnte deiner Meinung nach funktionieren?
- Nehmen wir an, jetzt wären fünf Jahre vergangen und wir blicken zurück: Welche Vereinbarung wäre erfolgreich gewesen?
- Mir ist klar, dass du und B euch nicht einigen könnt. Aber wenn ihr euch nun einigen würdet, wie könnte das aussehen?
- Wenn A es auf ihre Weise machen will und B auf seine, könnt ihr euch einen dritten Weg vorstellen, der für euch beide funktionieren würde? Wenn ihr dann einwilligt, heißt das, dass ihr beide etwas verändern müsstest. Überlegt, was ihr bereit wäret zu ändern.

Den Status der Amerikaner offen ansprechen:

- Wie nutzen/missbrauchen wir Amerikaner unsere Stellung?
- Wie sehen uns die palästinensischen Christinnen und Muslime als Amerikaner? Als Jüdinnen? Als amerikanische Araber, als Christinnen, als nicht konfessionsgebundene Menschen?
- Wie sehen uns die Israelis?
- Welche Privilegien sind mit unserer besonderen Stellung verbunden?

Die verdrängten Anteile unserer Identität zum Vorschein holen:

Opfer, Unterdrücker, religiös, säkular, WASP, Jüdin, Moslem, männlich, weiblich, Anführerin, Mitläufer, gesellschaftlich etabliert, internalisierter Außenseiter, jung, alt, gehobene Gesellschaft, Arbeiterklasse

- In welcher Form wurdest du in deinem Leben unterdrückt?
- Wie hast du andere unterdrückt?
- Wie hat sich beides angefühlt?
- Wie fühlst du dich in beiden Fällen anderen gegenüber?
- Was ist deine Quelle, deine Motivation, aus der dein Mut entspringt?
- Wir hören von Ungerechtigkeit und Schmerz. Was würde es dir abverlangen, von deinem Hass Abstand zu nehmen?

Fragen aus Neugier, Fragen, die verbinden (entwickelt von Joy Helmer)

Zeitrahmen: 45 Minuten für die Übung, 15 Minuten für den Austausch in der Gesamtgruppe

Diese Übung wurde entwickelt, um zu üben, Fragen so zu formulieren, dass sie die Mauer des Widerstandes zwischen dem Fragenden und der befragten Person durchdringen können. Joy hat die Übung in Vorbereitungskursen eingesetzt, um Gefangenen aus einem Hochsicherheitsgefängnis zuzuhören.

Die Übung kann generell nützlich sein, wenn wir Menschen erreichen wollen, die uns misstrauen und starken Widerstand gegenüber jeder Art von Beziehung zeigen. Sie wird starke Gefühle hervorrufen und dir eine Möglichkeit bieten, dich darin auszuprobieren, Gefühle beiseite zu stellen, um neugierige Fragen zu stellen und Fragen, die verbinden, und Fragen, die Unterschiede zulassen. Es ist eine sehr wirkungsvolle Übung.

Führe zunächst eine Demonstration des gesamten Ablaufes vor der Gruppe durch.

Schritt 1:
Die Gruppe teilt sich in Kleingruppen von jeweils fünf bis sechs Personen auf.

Schritt 2:
Jede Teilnehmerin wird im Verlauf dieser Übung die Möglichkeit haben, jede der folgenden drei Rollen einzunehmen: Fragesteller, Fragenempfängerin, Schreiber.

Schritt 3:
Das nun folgende Szenario dient dazu, im Fragesteller starke Gefühle hervorzurufen. Als Gruppe könnt ihr euch dafür entscheiden, während der gesamten Übung nur ein Szenario für alle Teilnehmenden zu verwenden. Ihr könnt aber auch mit verschiedenen Szenarien in den verschiedenen Durchläufen experimentieren. (Ein Beispiel für ein Szenario findet ihr am Ende dieser Übung.) Der Schreiber wird die Fragen festhalten, sodass alle sie erinnern können. Die Rollen werden gewechselt, sodass jeder einmal die Fragen stellt, sie entgegennimmt und aufschreibt.

Schritt 4:
Fragenempfängerin: Du wirst die Rolle eines Menschen einnehmen, der eine schwere Straftat begangen hat. Versuche dich in die innere Welt eines solchen Menschen hineinzudenken. Die anderen Mitglieder werden dir nun im Wechsel Fragen stellen. Beantworte diese Fragen nicht. Schweig und spüre in dich hinein, welche Wirkung die jeweilige Frage auf dich hat. Verleitet dich die Frage dazu, zu denken? Veranlasst sie dich dazu, dich zu öffnen, oder verschließt du dich? Du solltest dich vor allem von deinem Körper und den dort hervorgerufenen Empfindungen leiten lassen.

Schritt 5:
Fragensteller: Wählt ein Szenario aus, das heftige Gefühle in euch auslöst, z.B. Verurteilung, Ekel, Wut, Ärger, Verwirrung. Spürt, welche Reaktionen diese Gefühle in eurem Körper auslösen. Probiert nun aus, wie es ist, diese Gefühle beiseite zu stellen, um der Straftäterin gegenüber präsent zu sein. Macht nach jeder Frage eine Pause, sodass die Empfängerin die Wirkung der Frage spüren kann. Ihr könnt mehr als jeweils eine Frage stellen, wenn ihr wollt, aber achtet darauf, die Empfängerin nicht mit Fragen zu überschwemmen. Behaltet die Zeit im Auge, sodass jeder von euch alle drei Rollen einnehmen kann.

Schritt 6:
Schreiber: Notiere jede Frage. Gib die protokollierten Fragen weiter an die Fragenempfängerin, wenn eine Fragerunde um ist.

Schritt 7:
Nachdem jede Person die Gelegenheit hatte, Fragen zu stellen, kann die Empfängerin kurz zurückmelden, welche Wirkung die einzelnen Fragen auf sie hatten. Das Ziel der Übung ist es, mit verschiedenen Fragen zu experimentieren, um dabei nach einer Haltung ursprünglicher Neugier zu suchen und solche Fragen zu finden, die Verbindung zulassen und ermöglichen, dass etwas Unerwartetes passiert und etwas Neues gelernt wird.

Mögliche Szenarien:
Im Folgenden wird ein Beispiel beschrieben. Entwickelt eigene, wirklich herausfordernde und nahegehende Situationen für das Rollenspiel, die in die Situation passen, an der ihr dann arbeiten wollt.

In diesem Fall ist der Straftäter ein Mann Mitte zwanzig, der ein Gewaltverbrechen begangen hat. Er ging vorsätzlich in eine Gegend, von der bekannt ist, dass sie häufig von männlichen Homosexuellen aufgesucht wird, sprach einen jungen Mann an, ging mit ihm in eine abgelegene Straße und schlug ihn brutal zusammen. Das Opfer überlebte den Überfall, behielt aber einen ernsten Gehirnschaden zurück. Der Angreifer kann auf eine lange Kette von Gewalttaten zurückblicken: Tyrannisieren von Schulkameraden, als Heranwachsender eine Karriere als Autodieb, tätliche Beleidigung, Körperverletzung und schließlich versuchter Mord.

10. Aktives Zuhören

Setz dich mit einer Partnerin zusammen. Denk an etwas, das wirkungsvoll, positiv und bedeutsam für dich war, entweder ganz allgemein in deinem Leben oder auch in diesem Projekt. Erzähl deiner Partnerin drei Minuten lang davon.

Die Zuhörerin antwortet mit Körpersprache. Wenn der Sprecher fertig ist, gibt die Zuhörerin wieder, was sie gehört hat, und benennt auch die Gefühle, die sie aus dem herausgehört hat, was der Sprecher erzählt hat.

Tauscht die Rollen.

11. Verantwortung für Gefühle übernehmen

- Wenn du dich aufregst, finde heraus, wie du dich erden kannst. Spüre z.B. den Kontakt deines Körpers mit dem Stuhl oder stell dir Wurzeln vor, die durch deine Füße in den Boden reichen. Schicke deinen Atem durch diese Wurzeln.
- Teilt euch in Dreiergruppen auf und redet darüber, was Ärger in euch auslöst und wie ihr darauf reagiert: Konzentriert euch dabei auf ein oder zwei Begebenheiten. Bringt die Ergebnisse in die große Gruppe ein. Malt euren Ärger und drückt ihn auf diese Weise aus: das ganze Spektrum von leichter Verärgerung bis zum katastrophalen Ausmaß.

→ Diskussion: Wovor möchte unser Ärger uns schützen? Etwa vor Furcht und Verletzlichkeit? Ist Ärger nützlich? Hat es Vorteile, Ärger auszudrücken? Welche? Haben wir die Möglichkeit, dem Ärger bewusst Ausdruck zu verleihen, anstatt nur zu reagieren?

Ärger wandeln:
Setzt du Ärger ein, um andere einzuschüchtern oder deinen Standpunkt durchzusetzen? Kann man von Ärger abhängig sein?
Welche alternativen Reaktionsformen gibt es? Welche Alternativen zum Ärger hast du, um deine Bedürfnisse zu erfüllen? In welcher Beziehung stehen Ärger und Schuldzuweisungen (gegen dich selbst und gegen andere) zueinander?
Wie könntest du dich z.B. mit den Fähigkeiten und der Haltung von Ghandi verbinden?
Welche Möglichkeiten gibt es, die Energie des Ärgers besser zu nutzen?
Welche Rolle spielt Empörung, was beabsichtigt sie?

Das Idealmodell: (Die Übung kann u.a. bei folgenden Themen eingesetzt werden: Ärger, Furcht und Zuhören.)

Wenn du dich ärgerst: Wie solltest du dich deiner Meinung nach stattdessen verhalten?
Vor welcher schlimmsten Möglichkeit, die eintreffen könnte, fürchtest du dich?
Was denkst du darüber, wie andere Menschen dich wahrnehmen?
Wie könntest du dich idealerweise verhalten und was ist eine realistische Reaktion, für die du dich entscheiden könntest?

Die Ärgerenergie mildern:
Bitte alle Anwesenden darum, sich zu entspannen und auf den Atem zu konzentrieren. Dann lies das folgende Zitat vor:

Wenn jemand dich aufregt, kannst du dich damit beschäftigen, wie dieser Mensch ist und warum er das getan hat, oder du kannst dich dem zuwenden, wie du bist und warum es dich aufregt. Es ist eine Kunst, seine Gefühle zu registrieren, ohne das Problem dadurch schlimmer zu machen. Du kannst den Ärger in dir so halten, wie eine Mutter ihr Kind in den Armen hält. Genauso wie der Ärger in uns ist, ist auch die Fürsorge und Liebe einer Mutter, die ihr Kind hält, in uns. Ein Teil in uns sorgt sich um einen anderen Teil. Wann immer die Energie des Ärgers auftaucht, sollten wir die Energie liebevoller Fürsorge einladen, für den Ärger zu sorgen.

Gefühle transformieren: (Diese Übung ist eine Abwandlung des *Freeze Frame Process,* der von Doc Lew Childre vom *Institute of HeartMath Discovery Programm* [Boulder Creek, Kalifornien] entwickelt wurde.)

Lenke dein Bewusstsein auf Spannungen, die du in dir trägst, oder auf Gedanken, die dich aufregen. Konzentriere deine Aufmerksamkeit auf dein Herz. Atme tief durch dein Herz, d.h., stell dir vor, dein Herz könne tatsächlich ein- und ausatmen.

Während du weiter auf diese Art und Weise atmest, erinnere dich an eine Situation, in der du ganz ruhig warst oder von positiven Gefühlen für einen Menschen erfüllt, selbst wenn es der Mensch ist, der im Moment die Quelle deines Unbehagens ist. Konzentriere dich weiter auf diese positiven Gefühle. Schicke diese positiven Gefühle der Person oder Situation und nimm sie auch ganz in dich auf.

Mit dem Ärger in Beziehung treten: (Diese Übung stammt von Thich Nhat Hanh und wurde einem Gespräch mit Ram Dass entnommen. Es wurde veröffentlicht in *Inquiring Mind: A Semi-Annual Journal of the Vipassana Community (Den Geist erforschen: Halbjahresmagazin der Vipassana-Gemeinschaft),* Vol 12, Frühling 1996.)

Wenn du bewusst atmest, heißt das nicht, dass du den Ärger ignorierst. Du wirst dir deines Ärgers bewusst und trägst Sorge um ihn.
„Einatmen: Ich weiß, ich bin ärgerlich. Ausatmen: Ich sorge für den Ärger in mir."
Wenn du das für eine gewisse Zeit machst, wird sich der Ärger im Kern verwandeln. Es ist, als ob die Sonne auf die Blumen scheint. Am Morgen sind die Blüten noch nicht geöffnet, aber die Sonne scheint trotzdem weiter auf sie herab. Und der Sonnenschein fällt nicht nur um die Blume herum, er dringt bis tief in ihr Inneres vor. Wenn die Sonne auf diese Weise einige Stunden lang scheint, muss die Blüte sich dem Sonnenschein öffnen. Unser Ärger ist wie eine geschlossene Blüte, die den Sonnenschein unserer Achtsamkeit braucht.

Ärger ist zwar eine Quelle der Energie, aber wenn du ärgerlich bist, bist du nicht klar. Du könntest destruktive Dinge sagen oder tun. Darum ist es besser, die Energie in Form von Mitgefühl/Verständnis zu nutzen. Die Menschen sollten wissen, dass sie die Energie des Ärgers in eine Energie des Verständnisses und des Mitgefühls verwandeln können. Es ist nicht nötig, dass wir Energie – in welcher Form auch immer – unterdrücken oder von uns weisen. Wir müssen nur wissen, wie wir eine Form der Energie in eine andere Form umwandeln.

12. Neue Lerninhalte durch Imagination verankern

Unsere emotionale Reaktion frei wählen:

Stell dir vor, du befindest dich in einer Situation, die deinen Ärger hervorruft, und du reagierst auf die Art und Weise, die du frei gewählt hast.

Projektionen zurücknehmen:

Diese Übung kannst du sowohl als Visualisierung nutzen wie auch als Dialog durchführen. Wenn du sie alleine machst, kannst du beide Seiten des Dialoges aufschreiben, deinen Part und den deines Gegenübers. Du kannst auch drei Stühle aufstellen, einen für dich, einen für den Part der anderen Person und einen für dein „inneres zentriertes Selbst". Es gibt auch die Möglichkeit, alles in Bildern aufzumalen.

> *Lass in deinem Kopf jetzt das Bild des Menschen aufsteigen, der dein härtester Lehrmeister war. Lass zu, dass Gefühle emporkommen. Visualisiere die Person und visualisiere einige der Vorfälle, die die mit der Person verknüpften Erinnerungen so schwer für dich machen. Geh nun in einen imaginativen Dialog mit der Person.*
>
> *Füge deinem Bild jetzt eine positive Qualität dieses Menschen hinzu. Vielleicht musst du ihn dir deswegen sogar als Kind vorstellen, wenn deine Erfahrungen wirklich schwerwiegender Natur sind. Kannst du dein Herz dieser Person gegenüber öffnen, dieser Person als Kind? Als erwachsenem Menschen? Lass Energie durch dein Herz strömen.*
>
> *Was hat dir diese Person letzten Endes geschenkt? Was hast du durch diese Form der Kontaktaufnahme gelernt? Wie hat diese Person dich gestärkt und ermächtigt?*

Ich erinnere mich, dass einmal, als ich diese Übung anleitete, eine jüdische Holocaustüberlebende mit dem inneren Bild ihrer Aufseherinnen kämpfte. Sie tat sich ungeheuer schwer damit, etwas Positives zu finden und ein Geschenk, das ihr diese Menschen gemacht haben sollten. Und dann hatte sie einen erstaunlichen Durchbruch: Ihr wurde bewusst, dass sie eine große Kraft in sich trug, die sie hatte überleben lassen. Sie hätte sterben können, blieb aber am Leben – sie hatte sich für das Leben entschieden.

Der doppelte Kreis:

Diese Übung wurde – mit Erlaubnis der Autorin – Joanna Macys Buch *Die Reise ins lebendige Leben. Strategien zum Aufbau einer zukunftsfähigen Welt* entnommen. Beim Anleiten dieser Übung ist es wichtig, eine Atmosphäre respektvoller Stille in der Gruppe aufrechtzuerhalten. Klare Angaben über die Beschaffenheit der Rollen und die benötigte Zeit (60 Minuten) ermöglichen den Teilnehmenden eine noch tiefer gehende Erfahrung.

> Die Teilnehmenden sitzen in zwei konzentrischen Kreisen und sehen einander an. Beide Kreise bestehen aus der gleichen Anzahl von Personen. (Bei ungeraden

Teilnehmerzahlen nimmt die Anleiterin an dem inneren Kreis teil und kehrt jeweils nach Vermittlung der Instruktionen an diesen Platz zurück.) Dann bildet sich ein Doppelkreis aus Paaren, die sich Knie an Knie gegenübersitzen, das Gesicht auf gleicher Höhe, nah genug, um einander ohne jede Ablenkung wahrzunehmen. (Wenn sowohl Stühle als auch Sitzkissen in Gebrauch sind, sollte der Sitz im Innenzirkel auf gleicher Höhe sein mit dem Sitzplatz gegenüber im Außenkreis.) Die Übung erfordert ein hohes Maß an Konzentration und es empfiehlt sich, die Übung wie ein Ritual durchzuführen und Stille zu bewahren, während sich der doppelte Kreis bildet.

Die Menschen im Außenkreis (Gesichter nach innen gewendet) sprechen in dieser Sequenz für sich selbst, aus ihrer Erfahrung heraus, sie bleiben auf ihrem Platz sitzen. Die im Innenkreis (Gesichter nach außen gewendet) verkörpern die Menschen zukünftiger Generationen (legt eine Zeit fest, nicht mehr als 50 oder 100 Jahre später). Diese Menschen aus der Zukunft sprechen nicht (bis zum Ende dieser Sequenz) und bewegen sich von Platz zu Platz.

Nach jeder Begegnung im Kreis stehen die Menschen des Innenkreises auf, treten zurück, um auf den Platz zu ihrer Rechten zu wechseln, und setzen sich dort wieder. Auf diese Weise dreht sich der innere Kreis langsam im Uhrzeigersinn, während der Außenkreis stehen bleibt. Weil die Begegnungen sich über mehrere Generationen erstrecken, stellen wir uns vor, dass dieser doppelte Kreis sich „außerhalb der Zeit" befindet. Wenn alle Instruktionen gegeben wurden, tritt die Gruppe in diesen zeitlosen Raum ein, indem alle zusammen einen Klang, z.B. „ah", erzeugen.

Jede der vier Begegnungsrunden wird eingeleitet durch eine Befragung der Person in der Gegenwart durch die Person einer zukünftigen Generation. Dabei stellen wir uns vor, dass die Fragen telepathisch gestellt werden oder von Herz zu Herz, obwohl sie gehört werden durch die Stimme der Anleiterin. Die Menschen der Gegenwart antworten, indem sie zu dem Menschen der Zukunft sprechen, der ihnen direkt gegenübersteht. Sie sprechen jeweils einige Minuten lang. Die Anleiterin gibt ein Signal, wenn es an der Zeit ist, zu enden, und gibt einen kleinen Moment der Stille (die Paare können sich voreinander verneigen). Dann erfolgt der Hinweis für die Menschen im Innenkreis, einen Platz weiter nach rechts zu rücken. Nachdem die Gruppe im Innenkreis wieder sitzt, tauschen die neuen Paare einen stummen Gruß aus (wieder eine gegenseitige Verbeugung oder das „Namaste", bei dem die Hände wie im Gebet zusammengelegt werden). Dann stellt die Anleiterin die nächste Frage (nachdem sie – falls notwendig – die Menschen der Zukunft im Innenkreis um Stille gebeten hat).

Die vier Fragen, die die Anleiterin stellvertretend für die Menschen der kommenden Generationen stellt, lauten wie folgt:

1. Du mein Vorfahre, ich habe viel gehört von den schwierigen Zeiten, in denen du gelebt hast, über die Kriege, die Kämpfe, die Erniedrigung, die Furcht, die

Sehnsucht nach Heimat und von all den zerbrochenen Träumen ... Es ist schwer, das zu glauben. War es wirklich so? Erzähl mir davon. Wie war es, inmitten von all dem zu leben? Wie hast du dich gefühlt?

2. Du mein Vorfahre, wir haben Lieder und Geschichten, die immer noch von all dem, erzählen, was ihr, du und deine Freunde, damals für den Frieden getan habt. Jetzt möchte ich gerne wissen: Wie habt ihr damit angefangen? Du musst dich manchmal einsam und sehr verwirrt gefühlt haben, besonders ganz zu Anfang. Erzähl mir, was dein Anteil war.

3. Du mein Vorfahre, ich weiß, ihr habt nach diesen ersten Anstrengungen in euren Bemühungen für den Frieden nicht nachgelassen. Sag mir, woher hast du die Kraft und die Freude genommen, um so ausdauernd weiterzuarbeiten, gegen alle Widerstände und trotz aller Entmutigungen?

Ist die dritte Frage beantwortet worden, wechseln die Menschen der Zukunft nicht mehr den Platz, sondern bleiben, wo sie sind. Nun ist es an ihnen zu sprechen, und die Menschen im Außenkreis hören zu. Sie sprechen darüber, was in ihrem Herzen vor sich geht nach allen, was sie von ihren Ahnen gehört haben. Was ausgesprochen wird, ist oft tief und überraschend, sodass sie gut vier bis fünf Minuten zur Verfügung haben sollten. Dann drücken die Paare in Stille ihren Respekt voreinander aus.

Damit ist der Teil der Übung, der in einem „Raum außerhalb der Zeit" stattfand, abgeschlossen. Um wieder in die „Normalzeit" einzutreten, in der die Menschen der Zukunft ihre Rolle loslassen, erzeugt die Gruppe wieder gemeinsam einen Klang wie am Anfang des Kreises. So hat das Ritual ein erkennbares Ende.

Aber der Doppelkreis löst sich noch nicht auf. Die letzten Paare bleiben zusammen, um sich über die Erfahrung noch einmal auszutauschen, über die Rollen, die sie eingenommen haben, und über die neue Perspektive, die dadurch entstanden ist (vier bis fünf Minuten). Dieses Gespräch beendet die Übung, aber wenn die Zeit es zulässt, lohnt es sich, die Gesamtgruppe zu einem Austausch über Beobachtungen und Erkenntnisse einzuladen.

Aus Leahs Notizen:
Unsere letzte gemeinsame Unternehmung bestand darin, eine Übung miteinander zu machen, die Carol Joanna Macys Buch *Die Reise ins lebendige Leben* entnommen hatte. Unsere Frage an die Menschen in der Gegenwart war: „Erzähl mir aus dem Jahr 2000, als der Konflikt in Israel und Palästina gerade einen Höhepunkt erreicht hatte."

Es folgt ein Ausschnitt aus dem, was Ester mir erzählte:
2000 war das Jahr unseres größtes Leidens. Hass hatte uns jüdischen Menschen so Schlimmes zugefügt, und nun sah ich, wie dem palästinensischen Volk das Gleiche angetan wurde. Lass mich dir eine Geschichte erzählen, die mir vor sehr langer Zeit passiert ist. Eine junge palästinensische Frau kam zu mir, und ihr Herz war voller Hass.

Und ihr Hass verwandelte sich in Liebe, nur weil wir ihr zuhörten und sie liebten. Bevor ich zum Flüchtling wurde und als Mädchen mit meinen Eltern in Deutschland lebte, war Hass in unserer Familie nicht erlaubt. Nicht einmal Spinat durfte ich hassen. Hass ist wie eine Flamme, wir können sie anfachen oder wir können ihr den Sauerstoff entziehen. Ich habe nie gehasst. Wenn du dich dem Hass öffnest, zerstört er dich.

Erst hatte ich nicht realisiert, dass das, worüber Ester sprach, ihr Erlebnis mit Mary zu Beginn des Tages gewesen war. Als ich dann plötzlich verstand, worum es ging, begannen Ester und ich zu weinen – aus der Bedeutsamkeit dieses Moments heraus. Ich verstand, dass Ester mir sagte, dass wir Teil der Lösung waren, unsere Gruppe von Einfühlsam Zuhörenden an der *Hope Flower Schule* in der West Bank. In diesem Moment spürte ich, welche Macht wir jeden Tag aufs Neue haben, das Leben kommender Generationen zu beeinflussen – wenn wir uns entscheiden, aus Liebe zu handeln.

Vergebungsübung:

Denk an eine Beziehung, die der Vergebung bedarf.

Entscheide dich dafür, diese Beziehung zu verändern und somit den Verlust an Energie und Aufmerksamkeit zu stoppen.

Benenne deine Erwartungen, denen nicht entsprochen wurde.

Beschreibe, was du stattdessen lieber gehabt hättest.

Erkenne an, dass der andere diese Erwartungen und Wünsche nicht erfüllt hat.

Bekräftige noch einmal deine Bereitschaft, diese Beziehung zu verändern ... Entscheide dich, die bisherige Beziehungsdynamik zu beenden und lass deine Liebe zu deinem Gegenüber strömen, zu dem Gegenüber als einem Menschen, der die volle Verantwortung für sein Handeln trägt.

Eine Vergebungsmeditation: (Dies ist die Kurzfassung eines ganzen Wochenendes zur Metta-Meditation, das von Sylvia Boornstein angeleitet wurde.)

Eine Metta-Meditation beginnt damit, dass du zunächst dort vergibst, wo du nur einen leichten Groll hegst, und die Übung dann steigerst, bis hin zu Begebenheiten, die sehr schwierig für dich waren. Am Ende lernst du, dir selbst und allen Wesen zu vergeben.

Denk darüber nach, was das Wort „Vergebung" für dich bedeutet. Wie könnte es sein, mehr Vergebung in dein Leben zu integrieren? Beginne damit, dass du in deinem Kopf und in deinem Herzen das Bild eines Menschen wachrufst, der dir nahe steht, jemand, bei dem es dir keine Schwierigkeiten bereitet, ihn zu lieben. Lass zu, dass sich ein Bild, ein Gefühl, ein Gespür für diesen Menschen entwickelt.

Öffne dich dem Gefühl der Präsenz dieses Menschen und sage: *„Ich vergebe dir, was auch immer du mir an Schmerz in der Vergangenheit bereitet hast, ob absichtlich* *oder unabsichtlich, durch Worte, Gedanken oder Handlungen. Auf welche Weise auch immer du mir Schmerz zugefügt hast: Ich vergebe dir.“*

Lass jetzt in deiner Vorstellung eine Person erscheinen, der gegenüber du einen tiefen Groll verspürst. Kannst du dich auch dieser Person gegenüber öffnen? Spüre die Präsenz dieses Menschen. Wenn du bereit dazu bist, sage: *„Ich vergebe dir, was auch immer du mir an Schmerz in der Vergangenheit bereitet hast, ob absichtlich oder unabsichtlich, durch Worte, Gedanken oder Handlungen. Auf welche Weise auch immer du mir Schmerz zugefügt hast: Ich vergebe dir.“*

Nun lass das Bild eines Menschen in deiner Vorstellung, deinem Herzen, deinen Sinnen aufsteigen, der dir gegenüber einen Groll hegt; ein Mensch, der sein Herz vor dir verschlossen hat und von dem du dir Vergebung wünschst: *„Ich bitte dich um Vergebung. Ich bitte dich darum, dein Herz mir gegenüber wieder zu öffnen. Ich bitte dich, mir den Schmerz zu vergeben, den ich dir in der Vergangenheit bereitet habe, ob absichtlich oder unabsichtlich, durch Worte, Gedanken oder Handlungen. Auf welche Weise auch immer ich dir Schmerz zugefügt habe: Ich bitte dich dafür um Vergebung.“*

Lass zu, dass dir vergeben wird. Öffne dein Herz. Lass es geschehen.

Wende dich nun dir selbst und deinem Herzen zu und sage: *„Ich vergebe dir.“* Sage zu dir selbst: *„Ich vergebe dir.“*

Teile das Wunder der Vergebung, der Gnade und der Bewusstheit. Lass es sich nach außen, auf alle Menschen um dich herum ausweiten.

Mögen alle Wesen, in allen Formen, auf allen Stufen, frei sein von Schmerz und Leiden. Mögen wir alle in Frieden leben.

13. Abschluss

Am Ende eines jeden Workshops stehen wir im Kreis, um zu danken und die Ergebnisse unserer Arbeit dem Wohl aller Lebewesen dieser Erde zu widmen. Wir würdigen, was jede Einzelne von uns der Gemeinschaft zum Geschenk gemacht hat und welche Geschenke sie mitnimmt. Die Zeit, die wir uns nehmen, soll unsere Erfahrungen verankern und Zeichen für den Teil unseres Lebens setzen, der über die Gruppe hinausgeht: Wie wollen wir in unser Leben zurückkehren und was von dem, was wir gemeinsam erfahren haben, wollen wir mitnehmen? Es ist eine Zeit des Abschlusses und eine Zeit des Anfangs.

Glossar: Definition wichtiger Begriffe

Aktives Zuhören (auch Paraphrasieren)

Aktives Zuhören bezeichnet die Wiedergabe einer empfangenen Botschaft. Unter „Spiegeln" verstehen wir, wortgenau zu wiederholen, was wir gehört haben, um für Klarheit zu sorgen. Durch das aktive Zuhören geben wir zu erkennen, dass die Botschaft auf allen Ebenen bei uns angekommen ist, indem wir das Wesentliche des Gehörten zusammenfassen. Wir können so auch nonverbale Botschaften wiedergeben. Oft schaffen Zuhörerinnen tiefere Ebenen des Verständnisses, indem sie Gefühle verbalisieren, die ihrer Vermutung nach in dem Erzählten enthalten sind. Der Sprecher soll sich dazu eingeladen fühlen, die Vermutung zu bestätigen oder zu korrigieren.

Dialog

Die Wurzeln des Wortes stammen von den griechischen Wörtern dia = durch und logos = Wort oder Bedeutung. Wie William Isaacs es in seinem *Buch Dialogue and the Art of Thinking Together (Dialog und die Kunst, gemeinsam zu denken)* beschreibt, ist Dialog mehr als Konversation. Er beinhaltet den Wandel von Zuschreibungen und Bedeutungen.

„... Dialog ist ein Gespräch, in dem Menschen gemeinsam denken, in Beziehung aufeinander denken. Gemeinsam Gedanken zu entwickeln beinhaltet, dass du deinen eigenen Standpunkt nicht länger als gegeben annimmst. Du lässt die Gewissheit los und öffnest dich für Möglichkeiten, die einfach dadurch entstehen, dass du mit anderen in Beziehung stehst – Möglichkeiten, die es sonst nicht gegeben hätte." (1999, S. 19)

Die Dialoggruppe, der ich angehörte, verfolgt den Zweck, Beziehungen auf eine hohe Ebene von Kreativität und neuen Ideen zu heben, der ohne den gemeinsamen Austausch nicht entstehen könnte. Menschen sprechen in dieser Gruppe und kommentieren nicht, was andere gesagt haben, außer wenn es den Anstoß zu etwas Neuem gibt. Der Kreis stellt einen sicheren, vertrauensvollen Rahmen her, in dem man Mutmaßungen anstellen und alte Gedankenmuster hinterfragen kann, um auf eine neue Ebene der Kreativität zu gelangen.

Mitglieder der israelisch-palästinensischen Wohnzimmerdialoggruppe sagen: *„Guter Dialog ist ein Austausch von Ideen und Erfahrungen, der so aktiv, wirksam und tief gehend ist, dass er keinen der Teilnehmenden unverändert lässt. D.h., zu lernen, die eigene*

Meinung, das eigene Urteil zurückzunehmen, um einander wirklich zuhören zu können. Es erfordert im Dialog zu bleiben, auch dann, wenn die eigenen lieb gewonnenen Überzeugungen infrage gestellt werden. Es erfordert von allen Teilnehmenden, sich aus dem gegenwärtigen Moment heraus mitzuteilen und zum Dialog beizutragen – auch wenn die Gedanken und Ideen nicht fertig ausgeformt sind. Das kann dazu führen, dass gegensätzliche Standpunkte sich auf einmal verbinden und eine neue soziale Intelligenz sich entfaltet."
Zum Wesentlichen eines Dialogs, sagt Lee Ross, Professor für Sozialpsychologie an der Standford University und Mitglied im Standford-Zentrum für Konfliktlösung und Verhandlung, gehöre, dass jede Partei dazu in der Lage sei, der anderen zu sagen, wie sie deren Interessenlage wahrnimmt. Wenn ihnen das in einer Weise gelingt, die für die Gegenseite zufriedenstellend ist, können sich Lösungswege entwickeln.

Holarchie – Lehre von der Ganzheit

Der Schriftsteller Arthur Köstler prägte den Begriff „Holon". Er besagt, dass etwas, was in einem Zusammenhang ein vollständiges Ganzes ist, zugleich ein Teil eines anderen Zusammenhanges ist. Er sah, dass alles zugleich ein Ganzes ist sowie immer auch Teil eines größeren und wieder größeren Ganzen. Er bemerkte, dass Hierarchien aus solchen Holonen bestehen, aus immer größer werdenden Zuordnungen von „Ganzheiten". Das passendere Wort für Hierarchie sei deshalb, so Köstler, „Holarchie". „Holarchie ist eine Ordnung immer größer werdender Holone, die ein Anwachsen der Ganzheit und der in ihr enthaltenen Fähigkeiten darstellt."

Diese Definition wurde den Kursunterlagen für das Seminar *Living on the Edge of Evolution (Leben an einem Wendepunkt der Evolution),* entwickelt von der Stiftung für Globale Gemeinschaft, Pala Alto, Kalifornien, entnommen.

Das Symbol der Holarchie wird in diesem Buch verwendet, um zu verdeutlichen, dass Mitgefühl das Grundprinzip ist, auf dem alle Formen von Beziehung und jede Kommunikation gründen.

Mitgefühl (compassion)

Mitgefühl beschreibt einen von Sentimentalität freien Zustand eines offenen Herzens, das keine Vorbehalte spürt. Der lateinische Ursprung des Wortes *passion* bedeutet *Mitleid.* Die heutige Bedeutung des Wortes *Mitleid* impliziert eine Schwäche aufseiten desjenigen, der bemitleidet wird. Mitgefühl bezeichnet einen erweiterten Bewusstseinszustand, in dem es kein stark oder schwach, keine Freude und keinen Schmerz gibt. Das Bewusstsein ist gegenwärtig und frei von jeglichem Urteil.

Präsenz

Präsenz ist ein Zustand des Bewusstseins, in dem die Aufmerksamkeit sich ganz auf den gegenwärtigen Moment konzentriert. Dieser Zustand wird oft mit dem Wort „Zentrum" oder „innere Zentrierung" beschrieben. Auf jeden Fall dienen zentrierende Übungen dazu, Menschen in einen Zustand der Präsenz zu versetzen. Es ist ein dy-

namischer Zustand, in dem sich das Bewusstsein sowohl auf innere als auch äußere Gegebenheiten ausdehnt.
Wenn wir einfühlsam zuhören wollen, ermöglicht uns der Zustand der Präsenz, die konzentrierte Aufmerksamkeit auf das zu richten, was sich im gegenwärtigen Moment abspielt – im Innen wie im Außen.

Projektion

Wenn wir anderen Menschen Charaktereigenschaften zuschreiben, die wir selbst besitzen, ohne dass wir uns dessen bewusst sind, dann bezeichnen wir diesen Vorgang als Projektion. In Beziehungen wirken Qualitäten anderer Menschen auf uns oft anziehend, wenn wir genau diese Qualitäten bei uns selbst noch nicht entwickelt haben. Gegensätze ziehen sich an. Projektion führt dann zu Problemen, wenn wir meinen, Eigenschaften, die wir bei uns nicht akzeptieren, in anderen zu sehen.
Thich Nhat Hanhs Gedicht: *Bitte nenne mich bei meinen wahren Namen* ist eine erschreckende Enthüllung aller Elemente, die zum Mensch-Sein gehören. Wenn wir diese Anteile nicht als zu uns gehörig akzeptieren, projizieren wir sie auf andere und machen sie dadurch oft zu unseren Feinden.

Qualitäten

Eine Qualität ist eine besonders entwickelte Eigenschaft oder ein Wert. In diesem Buch steht der Begriff „Lebensqualitäten" für etwas, das in unserem Leben eine grundlegende und wichtige Rolle spielt. Es ist ein herausragender Teil unseres Lebens, der auf ideellen Werten basiert, die eine zentrale Bedeutung für uns haben. Die Qualitäten, mit denen wir uns identifizieren, machen uns aus. Die folgenden Beispiele für Qualitäten entstammen einer Liste, die das Psychosynthese-Institut in San Francisco in den 1970er-Jahren entwickelt hat:
Wertschätzung – Bewunderung – Schönheit – Brüderlichkeit – Glückseligkeit – Ausgewogenheit – Mitgefühl – Gemeinschaft – Ruhe – Mut – Kommunikation – Verbindung – Kreativität – Unvoreingenommenheit – Energie – Begeisterung – Ewigkeit – Brillanz – Unternehmergeist – Freiheit – Glaube – Freundschaft – Großzügigkeit – gute Absicht – Güte – Dankbarkeit – Harmonie – Humor – Menschlichkeit – Unbegrenztheit – Zugehörigkeit – Freude – Liebe – Licht – Befreiung – Ordnung – Geduld – positive Einstellung – Macht – Stille – Wirklichkeitsnähe – Erneuerung – Resonanz – Dienen – Gelassenheit – Schweigen – Einfachheit – Synthese – Vertrauen – Stille – Wahrheit – Verständnis – Lebendigkeit – Wille – Weisheit – Ganzheit – Wunder

Schatten

Eine innere Voreingenommenheit, die dem Bewusstsein verborgen bleibt, wird zum Schatten. Schatten können auftauchen in Form von Gedanken oder Verhaltensweisen, derer wir uns nicht bewusst sind. Wenn wir ohne Bewusstsein handeln, übernehmen wir keine volle Verantwortung für unsere Handlungen und neigen dazu, andere zu beschuldigen. Dadurch laufen wir Gefahr, unsere unbewussten Teile auf andere zu projizieren, indem wir sie beschuldigen und verurteilen.

Literatur

Avruch, Kevin; Black, Peter W.; Scimecca, Joseph A. (Hg): Conflict Resolution: Cross-Cultural Perspectives", Westport, Praeger, 1991.

Avruch, Kevin: Culture & Conflict Resolution, Washington, DC: US Institute of Peace Press, 1998.

Barach Bush, Robert A.; Folger, Joseph P.; Barasch, Marc Ian: Field Notes on the Compassionate Life: A Search for the Soul of Kindness, Rodale 2005.

Bohm, David: Die verborgene Ordnung des Lebens, Grafing: Aquamarin, 1988.

Braden Gregg: Zwischen Himmel und Erde: Der spirituelle Weg des Mitgefühls, München: Heyne, 2005.

Cose, Ellis: Bone to Pick – Of Forgiveness, Reconciliation, Reparation and Revenge, New York: Washington Square Press, 2004.

Csikzentmihalyi, Mihaly: Dem Sinn des Lebens eine Zukunft geben: eine Psychologie für das 3. Jahrtausend, Stuttgart: Klett-Cotta, 1995.

Childre, Doc Lew: Das Herzintelligenz-Basisprogramm, Kirchzarten: VAK 1999.

deBeauport, Elaine; Diaz, Aura Sophia: The Three Forces of Mind: Developing your Mental, Emotional and Behavioral Intelligence, Wheaton: Quest Books, 1996.

Diamond Louise: The Courage for Peace: Creating Harmony in Ourselves and the World, Berkeley: Conari, 2000.

Diamond, Louise; McDonald, John: Multi-Track Diplomacy. A systems Approach to Peace, West Hartford: Kumarian Press, 1996

Easwaran, Eknath: Der Ruf des Universums: Neue Sensibilität für das Leben, Freiburg: Herder, 1992.

Easwaran, Eknath: Der Mensch Gandhi: Meditation und Gewaltlosigkeit, Gelsenkirchen: Grumann, 1983.

Enright, Robert D.: Forgiveness is a Choice: A Step by Step Process for Resolving Anger and Restoring Hope, Washington, D.C.: American Psychological Association, 2001.

Flick, Deborah: From Debate to Dialogue: Using the Understanding Process to transform our Conversations, Boulder: Orchid Publications, 1998.

Gandhi, Mohandas Karamchand: Eine Autobiografie oder die Geschichte meiner Experimente mit der Wahrheit, Gladenbach: Hinder und Deelmann, 1991.

Glassman, Bernard: Zeugnis ablegen. Buddhismus als engagiertes Leben, Berlin: Theseus, 2001.

Goleman, Daniel: Emotionale Intelligenz, München: dtv, 1997.

Henderson, Michael: Forgiveness: Breaking the Chain of Hate, Wilsonville: BookPartners, 1999.

Hock, Dee: Die chaordische Organisation: Vom Gründer der VISA-Card, Stuttgart: Klett-Cotta, 2001.

Hoffman, Gene Knudsen; Green, Leah & Monroe, Cynthia: Compassionate Listening: An Exploratory Sourcebook About Conflict Transformation, 2001. Diese Ausarbeitung und andere Schriften von Gene Knudson Hoffman können kostenlos unter www.coopcomm.org heruntergeladen werden.

Hopkins, Jeffrey: Mitgefühl und Liebe. Meditationstechniken und buddhistische Sichtweisen, München: Goldmann 2002.

Houston, Jean; Rubin, Margaret: Manual for the Peacemakers: An Iroquois Legend to heal Self and Society, Wheaton: Quest Books, 1995.

Huges, K. Wind; Wolf, Linda: Daughters of the Moon – Sisters of the Sun: Young Women and Mentors on the Transition to Womanhood, Stony Creek: New Society, 1997.
Isaacs, William: Dialogue and the Art of Thinking Together, New York: Random House, 1999.
Lederach, John Paul: Building Peace: Sustainable Reconciliation in Divided Societies, Tokyo: The United Nations University, 1995.
Macy, Joanna; Young Brown, Molly: Die Reise ins lebendige Leben, Paderborn: Junfermann, 2003.
Macy Joanna: Mutual Causality in Buddhism and General Systems Theory: The Dharma of Natural Systems, Albany, New York: State University of New York Press, 1991.
Mennonite Conciliation Service: Meditation and Reconciliation Facilitation Training Manual: Foundation and Skills for Constructive Conflict Transformation, 21 South 12th Street, P.O. Box 500, Akron, PA 17501-0500, 001-717- 859-3889, mcs@mccus.org.
Mindell, Arnold: Mitten im Feuer – Gruppenkonflikte kreativ nutzen, München: Hugendubel, 1997.
Mindell, Arnold: Der Weg durch den Sturm. Weltarbeit im Konfliktfeld der Zeitgeister, Petersberg: Via Nova, 1997.
Mindell, Arnold: Quantengeist und Heilung. Auf seine Körpersymptome hören und darauf antworten, Petersberg: Via Nova, 2006.
Nichol, Lee; Bohm, David (Hg): Der Dialog – Das offene Gespräch am Ende der Diskussion, Stuttgart: Klett-Cotta, 1998.
Remen, Rachel Naomi: Aus Liebe zum Leben. Geschichten, die der Seele gut tun, Freiamt: Arbor, 2002.
Rosenberg, Marshall B.: Gewaltfreie Kommunikation – Eine Sprache des Lebens, Paderborn: Junfermann, 5. überarb. Aufl. 2004.
Thich Nhat Hanh: Nenne mich bei meinen wahren Namen. Gesammelte Gedichte, Berlin: Theseus, 1997.
Thich Nhat Hanh: Peace is every Step: The Path of Mindfulness in Everyday Life, New York: Bantam Books, 1992.
Thich Nhat Hanh: Innerer Friede, äußerer Friede, Berlin: Theseus, 2001.
Tolle, Eckhart: Jetzt!, Bielefeld: Kamphausen, 2002.
Tutu, Desmond: Keine Zukunft ohne Versöhnung, Düsseldorf: Patmos, 2001.
Wiesenthal, Simon: The Sunflower: On the Possibilities and Limits of Forgiveness, New York: Shocken Books, 1997.

Kontaktadressen

1) CNVC – Center for Nonviolent Communication
2428, Foothill Blvd., Suite E
La Crescenta, CA 91214
USA
Tel.: 001-818-957 9393
cnvc@cnvc.org
www.cnvc.org

2) *Gewaltfreie Kommunikation in Deutschland*
Adressen von Trainerinnen und Trainern unter:
www.gewaltfrei.de

3) Dialogue
www.uia.org/dialogue/webdial.htm

4) The Power of Dialogue
www.publicconversations.org

5) Fellowship of Reconciliation (Internationaler Versöhnungsbund) USA
Box 271
Nyak, NY 10960
USA
Tel.: 001-845-358-4601
FOR@forusa.org
www.forusa.org

6) Internationaler Versöhnungsbund Deutscher Zweig e.V.
Schwarzer Weg 8,
32432 Minden
Tel.: 0571-850 875; Fax: 0571-829 2387
www.versoehnungsbund.de

7) *Schriften von Gene Knudsen Hoffmann:*
Institut for Cooperative Communication Skills
Santa Barbara, CA, USA
www.coopcomm.org

8) The Institute for Multi-Track Diplomacy (IMTD)
Dr. Louise Diamond, Executive Director
1819 H Street, NW, Suite 1200
Washington, DC 20006
USA
Tel.: 001-206-466-4605
imtd@igc.apc.org

9) *Ein zehnminütiges Video (in PAL und NTSC, Frühjahr 2002, MSNBC – in englischer Sprache) über den jüdisch-palästinensischen Dialog in Kalifornien wird auf Anfrage innerhalb der USA kostenfrei zugesandt. Es zeigt die Menschen, ihre unterschiedlichen Standpunkte, Prinzipien des Dialogs, die Atmosphäre, das ausdauernde und nachhaltige Engagement, die Ergebnisse und Hoffnungen.* Kontakt:
Jewish/Palestinian Living Room Dialogue Group
1448 Cedarwood Dr.
San Mateo, CA 94403
USA
Tel.:001-650-574-8303, Fax: 001-650-573-1217
LTRAUBMAN@igc.org
http://traubman.igc.org/dg-prog.htm

10) Joanna Macy
2812 Cherry St.
Berkeley, CA 94705
USA
Fax: 001-510-649-9605
www.joannamacy.net

11) Makah Whaling Compassionate Listening
Jeff Smith
American Friends Service Committee
814 NE 40th St.
Seattle, WA 98105
USA
Tel.: 001-206-632-0500, Fax: 001-632-0500
jsmith@afsc.org

12) Compassionate Listening Project
P.O. Box 17
Indianola, WA 98342 USA
Tel: 001-360-297-2280
office@compassionatelistening.org
www.compassionatelistening.org

13) *Aufrichtige Verständigung zwischen Juden und nicht-jüdischen Deutschen*
Deutscher Projektträger: Internationaler Versöhnungsbund deutscher Zweig e.V.
Kontakt und Information:
Beate Ronnefeldt
Eichbergweg 6,
79183 Waldkirch
Tel.: 07681-493 97 93
B.Ronnefeldt@t-online.de

14) *Seminare/Trainings zum Einfühlsamen Zuhören in Deutschland*
Kontaktpersonen (USA): Lisa und Brian Berman
Tel.: 001-360-297-3358
info@BermanHealingArts.com
www.BermanHealingArts.com

15) Für Deutschland gibt es Informationen auch bei:
Eve Rennebarth,
Tel.: 030-85 40 60 68
eve.rennebarth@gmx.de

16) RSVP – Rural Southern Voices for Peace
1898 Hannah Branch Rd.
Burnsville, North Carolina 28714
USA
Tel: 001-828-675-5933
rsvp028714@yahoo.com